JN097793

[改訂版]

中学英文法
Fine

Z会東大進学教室講師
渡辺 いづみ 監修

中学1〜3年　高校入試対応

はしがき

　私とＺ会の付き合いが始まって30年近く，受験生はもちろん，学生や社会人，小学生まで，添削や授業などさまざまな形で英語を指導してきました。そして残念なことに，皆さんが口をそろえて言うのは「英文法が嫌い，役に立たない」ということでした。

　問題点を整理すると，従来の文法書を読んでも，①英文が書けない，②聞き取れない，③話せない，ということが挙げられます。

　これらを解消するために本書では，以下の点を特長としています。

①中学３年間で学ぶ文法項目を82レッスンにすっきり整理

　難解な文法用語をできるだけ使わずに，分かりやすく実践的な説明を心がけました。

②さまざまな場面に合わせた日常会話形式の例文

　イメージしやすいイラスト付で，覚えればそのまま実践的な場面で使えます。

③各例文を気軽に聞いて，音読できる

　ネイティブ・スピーカーの自然な発音を真似して声を出すことで，耳も発音もよくなります。

　この本には英語の学習で必要なことがぎゅっと凝縮されています。高校生になっても大人になっても，必要な時はこの本に戻って，確かめてください。

　さあ，さっそく今日から始めましょう！　よかったら保護者の皆様，高校生以上の皆様もご一緒に。

　最後になりましたが，本書が完成に至ったのはＺ会の皆さんのご尽力の賜物です。編集部の大島綾子さん，小林裕紀子さんには心より感謝いたします。

Izumi Watanabe

中学英文法 Fine

CONTENTS

本書の主な登場人物

 お父さん

 お母さん

 トシ
（アヤの弟）

 アヤ
（主人公）

 シン
（アヤの友達）

 スミス先生

本書の構成

　本書では，中学1年〜3年の間で習う英文法を82レッスン（合計14 Unit）で効率よく整理・学習することができます。

　自分に合ったペースで学習を進めていきましょう。

※ Unit 15は「発展学習」として中学校の範囲外の内容を扱っています。

1レッスンの構成

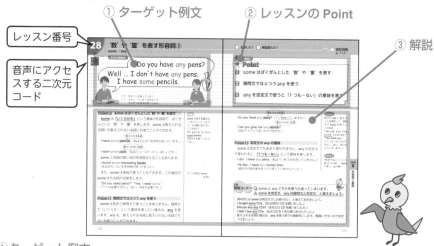

① ターゲット例文

　このレッスンで学習する文法事項（青字）を含んだ例文です。二次元コードから例文の音声を聞くことができます。全文が流れたあと，特に青字部分を含む表現を繰り返して読み上げていますので，あとに続いて読んでみましょう。

② レッスンの Point

　このレッスンで学習する文法事項の要点がまとめられています。

③ 解説

　Point の順番に沿って，くわしく説明しています。文法事項の説明の中で特に重要な部分は太字で示しています。

　注意! ：よくある間違いや，混同しがちな文法事項を取り上げています。

　くわしく ：一緒に覚えておきたい表現や，関連づけて理解しておきたい事項について説明しています。※一部発展的な内容も含みます。

　 ：関連した項目について，参照先のページ数を示しています。

　Z会 質問コーナー ：全国の中学生から Z 会に寄せられた質問に答えて解説しているコラムです。

音声へのアクセス方法

音声を聞くことができる箇所には二次元コードが掲載されています。二次元コードを読み取り端末（スマートフォンやタブレットなど）で読み取ると，音声が流れます。

また，本書に登場する音声の一覧は，以下の URL もしくは右記の二次元コードからアクセスできます。

https://service.zkai.co.jp/books/zbooks_data/dlstream?c=2840

「確認問題」の構成

レッスンの学習が終わったら解いて確認しましょう。間違えた問題は，もう一度レッスンに戻って解説を読みましょう。

どのレッスンの範囲に対応する確認問題かを示しています。

各大問が，どのレッスンに対応しているかを示しています。

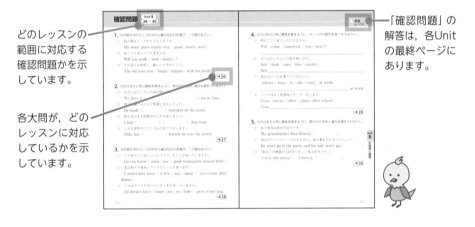

「確認問題」の解答は，各Unitの最終ページにあります。

別冊 「入試突破！チェックテスト」

近年の高校入試問題から選定した，文法問題の総まとめができる問題集です。本書の復習，または実力試しに活用しましょう。

本書で使われている記号

…ing：動名詞あるいは現在分詞　　〜：名詞・形容詞などが入る

…／…：動詞や節などが入る　　　〔　〕：言い換え可能　　　（　）：省略可能

あなたに最適な学習法は？

少しずつ，**コツコツ派**のあなたに

基礎からじっくりコース

Step 1 音声を聞きながらターゲット例文を読む

二次元コードから例文を聞き，声に出して読んでみましょう。

まず全文を聞き，音声に続いて例文を読み上げます。自信をもって発

音できるようになった

ら，音声は流さずに自

力で読んでみましょう。

Step 2 Point を確認する

このレッスンで学習する文法事項の要点がまとめられています。

まず Point の内容を見

て，このレッスンでど

ういったことを学ぶの

かを確認しましょう。

Point

1 some はばくぜんとした '数' や '量' を表す

2 疑問文ではふつう any を使う

3 any を否定文で使うと「1 つも〜ない」の意味を表す

Step 3 解説を読む

Point の順番に沿って説明を読んで確認しましょう。

わからない単語は辞書で調べたり，気づいたことを自分で書き込んだり

しながら，あなたのオリジナル参考書にしていきましょう。

「最初のレッスンから少しずつやりたい」「計画的に学習したい」というあなたにおすすめの学習法だよ。
1日何レッスン，もしくは1週間に何レッスンなど，学習スケジュールを立てて取り組もう！

Step 4 「確認問題」を解く

レッスンの「Point」と「解説」を読んだら，そのレッスンに対応する「確認問題」を解きましょう。確認問題は5レッスンに1回掲載しています（Unit 14以外）。1つの大問が1レッスン分に対応しているので，1レッスンの学習が終わるごとに大問1題を解いてもよいですし，5レッスンの学習が終わってから「確認問題」のすべての問題をまとめて解いてもよいでしょう。

確認問題 Unit 5 26〜30

1. 次の英文中のカッコの中から適当なものを選び，○で囲みなさい。

(1) 私の姉はテニスがとても上手です。
My sister plays tennis very (good ; much ; well).

(2) ゆっくり歩いてくれませんか。
Will you walk (slow ; slowly) ?

(3) その老人は家族と一緒にいて幸せでした。
The old man was (happy ; happily) with his family.

→26

対応するレッスンを示しています。

別冊「入試突破！チェックテスト」を活用しよう

各Unitの学習を終えたら，または本書の学習を終えたら，この問題集を使って復習しましょう。「入試問題は難しそう」と思うかもしれませんが，レッスンで学習した基本をおさえておけば必ず解ける問題を精選していますから，ぜひ取り組んでみましょう。「入試突破！チェックテスト」の巻末解答には対応するレッスンの番号が記載されています。間違えた問題は，各レッスンに戻ってPointと解説をもう一度確認しましょう。

短期間で効率よく 学習したいあなたに

速攻！ 短期集中コース

Step 1 「確認問題」を解く

各 Unit に 1 回（もしくは 2 回）「確認問題」があります。各 Unit の「確認問題」を解いて，文法事項を正しく理解できているか確認しましょう。

Step 2 間違えた問題のレッスンを読む

「確認問題」でわからなかったり，間違えたりした問題があれば，対応しているレッスンに戻って，「ターゲット例文」，「Point」と「解説」を読みましょう。「確認問題」で何がわからなかったのか，何を間違えていたのかを意識しながら解説を読むと効果的です。

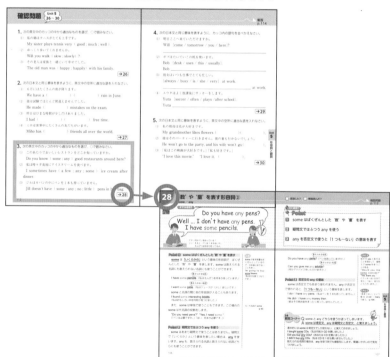

「入試まであまり時間がない！」「短期間で英語の総復習をしたい！」というあなたにおすすめの学習法だよ。
問題演習を中心に進めながら，わからなかったところや間違えたところをしっかり復習しよう！

Step 3 別冊「入試突破！チェックテスト」を解く

力試しのつもりで，全問解いてみましょう。

そのあと答え合わせをして，わからなかったり，間違えたりした問題には印をつけておきます。

「入試突破！チェックテスト」の巻末解答には対応するレッスンの番号が記載されています。間違えた問題に対応している各レッスンを開いて，もう一度「Point」と「解説」を確認しましょう。

知りたい文法事項を調べる時は

◆特定の文法項目や表現を調べたい時は，巻末の「さくいん」が便利です。日本語と英語の両方で調べることができます。大まかな内容で調べたい時は，目次を使いましょう。

◆教科書のページ数がわかっている時は「教科書対応表」が便利です。

※Ｚ会 Web サイトから主要検定教科書の「教科書対応表」が無料でダウンロードできます。

https://www.zkai.co.jp/books/fine-k/

入門期から次のステップへ

　皆さんは，小学校や英会話教室などの授業で，すでに英語に親しんでいる方が多いでしょう。入門期から基礎段階への移行にあたっては，英語を使ってできることがさらに増えていきます。

PreA1		A1	A2	B1		B2
入門期の学習者		基礎段階の学習者		自立した学習者		
英語の文字や身近な単語を理解し，一般的なあいさつをしたり，自分についての限られた個人情報を伝えたりできる。		身近なことやなじみのあるトピックであれば，日常生活で使われる英語を理解し，用いることができる。		日常生活や学習，仕事などで必要な英語を理解し，ある程度流暢に自分を表現することができる。		

　CEFR（ヨーロッパ言語共通参照枠）：学習指導要領や大学入試でも参照されている言語能力の国際指標

　次の場面を見てみましょう。今までに聞いたり，話したりしたことがある表現ですね。中学校では，言葉のルールである文法を学ぶことで，相手とより具体的に気持ちや考えを伝え合えるようになります。

■家族を紹介する

> This is my father.
> He is an office worker.
> He runs in the park
> every weekend.

こちらは私の父です。父は会社員です。

父は毎週末，公園を走ります。

➡ 1 be 動詞の現在形（p.34）, 2 一般動詞の現在形（p.36）

■好きな色をたずねる

What color do you like?

I like blue.

アヤ　：何色が好き？

シン　：青色が好きだよ。

→ **18**〈What〔Which〕＋名詞〉を用いた疑問文（p.78）

■将来の夢を話す

I want to be a scientist.
I like science.

Sounds good!

アヤ　　　：私は科学者になりたいんです。科学が好きなので。

スミス先生：いいですね！

→ **51** 不定詞の名詞用法（p.170）

英語と日本語の違いを考えてみよう

　英語の勉強を始める前に，英語にはどんな特徴があるのか，私たちになじみのある日本語と比べながら考えてみましょう。

■文字の種類

　日本語ではひらがな，カタカナ，そして漢字を使いますが，英語では26のアルファベットを用います。これらすべてのアルファベットには大文字・小文字の区別があり，また，ブロック体・筆記体という書き方の違いもあります。

　　　＜ブロック体＞

Aa Bb Cc Dd Ee　Ff Gg Hh　Ii Jj Kk　Ll Mm Nn
Oo Pp Qq Rr Ss Tt Uu Vv Ww Xx Yy　Zz

　　　＜筆記体＞

Aa Bb Cc Dd Ee Ff Gg Hh Ii Jj Kk Ll Mm Nn
Oo Pp Qq Rr Ss Tt Uu Vv Ww Xx Yy Zz

■音の違い

　では，この2つの文字を発音してみてください。

　「す」は［su］という音になります。日本語は「母音（アイウエオに似た音）」，または「子音＋母音」の組み合わせで成り立っているのです。
　一方，英語の「s」は，単体では［s］という子音のみの音になります。
　英語はこれら1つ1つのアルファベットが組み合わさって意味のある単語というまとまりを作っています。

■単語の発音・アクセント・イントネーション

　では，今度は「あ」と「a」をそれぞれ声に出してみてください。

　ひらがなを使って表すと，どちらも同じ「あ」という音になると思います。

　次の単語の発音を聞いてみましょう。

cat （ネコ）
[kǽt]

father （父）
[fάːðər]

fall （落ちる）
[fɔ́ːl]

　同じ「a」を使っていても，それぞれ発音記号が異なりますね。このように英語は複数の発音を持つアルファベットがあります。

　さらに，英語では，発音する際に「強く読む部分」がそれぞれの単語で決まっています。これをアクセントと呼びます。

　例えば，father は a の部分を強く，grandfather（祖父）は初めの a を強く読むのがルールです。

　また，1つ1つの単語のアクセントに加えて，英語は文になった際には，声の上がり下がりにも注意が必要です。これをイントネーションと呼んでいます。

Are you from Japan? ↗

I am from China. ↘

■数

　ここまで音の面から英語の特徴を見てきましたが，英語と日本語の大きな違いとして，もう1つ「数」の捉え方があります。

　例えば，親子で動物園に遊びに来た場面を想像してみてください。

あのサルを見て！

　さて，指さす先に一体サルは何匹いると思いますか。

　日本語では，サルが1匹の場合でも複数いる場合でも，「あのサルを見て！」と言いますね。

　一方，英語では，サルが何匹いるかによって，表現が異なります。
サルが1匹であれば，

Look at that monkey!

サルが2匹以上であれば，

Look at those monkeys!

　英語は「数」にこだわる言語なのです。

　ここで紹介した以外にも，英語と日本語の間にはさまざまな違いがあります。日本語と異なる部分，共通する部分を頭に浮かべながら，英語を楽しく学習していきましょう。

英文の書き方のルール

● 英文の書き方 ●

最初の行は3文字分くらいあける

文頭は大文字　　　　人名は最初の文字を大文字で書く

Hi, I am Kato Hiroko.　I'm from

1文字分くらいあける　　　文と文の間は2文字分くらいあける

Japan.　Are you Ms. Green?

国名，地名は最初の文字を大文字で書く

● 英文を書く時のルール ●

① 文字のルール

・文の最初の文字は必ず大文字で始めます。ただし，「私」を表す「I」は文中でも必ず大文字で書きます。

・文中では単語は小文字で書きます。

・固有名詞はいつも最初の文字を大文字で書きます。

固有名詞とは，人の名前（John）や地名（London），国名（China）などのことだよ

また，男性や女性の姓の前につける敬称 Mr(.)，Ms(.) も最初の文字を大文字で書きます。

② 間隔のルール

・文の書き始めは3文字分くらいあけます。

・単語と単語の間は，1文字分くらいの間隔をあけて書きます。

・文と文の間は，2文字分くらいの間隔をあけて書きます。

③ 記号のルール

．	ピリオド （終止符）	①ふつうの文の文末に I am Aya. ②略語に Mr. Suzuki
?	クエスチョンマーク （疑問符）	①疑問文の文末に Are you Ms. Smith? ②疑問の意味を含む文の終わりに How about you?
!	エクスクラメーション マーク（感嘆符）	感嘆文など強い感情を表す文の文末に How cold it is today!
，	コンマ （読点）	① Yes ／ No で答える文の Yes ／ No のあ とに Yes, she is. ②呼びかけに Let's have lunch, Yuki. ③語句を並べる区切りに Kenji, Jun and Shun are my best friends.
'	アポストロフィ	①短縮形に I'm going to meet Saki tomorrow. ②名詞の所有格に She is Bob's sister.
" " ' '	クオテーションマーク （引用符）	①発言の内容を引用する時に She said, "I'm hungry". ②本や映画の題名に I want to see "Star Wars".

Unit 0 まずはここを おさえよう！

Hello, Ms. Smith. I am Aya.

アヤ：こんにちは，スミス先生。私はアヤです。

　日本語では，以下のようにどちらの順番でも意味が通じますね。これは，日本語の「て」「に」「を」「は」という助詞のおかげです。

　　　私は　アヤ　です。
　　　アヤ　です，私は。

一方，英語には単語を並べる順番にルールがあります。

○　I　am　Aya.
×　I　Aya　am.

この語順のルールに従って作られる英語の文は，5種類に分けられます。

　　：無くてはならない車両

　　：必要不可欠ではないが，よりくわしい情報を伝えるための車両

第1文型： 主語 動詞 □ □ □ …
第2文型： 主語 動詞 補語 □ □ …
第3文型： 主語 動詞 目的語 □ □ …
第4文型： 主語 動詞 目的語 目的語 □ …
第5文型： 主語 動詞 目的語 補語 □ …

特に □ の部分は，並べ方がしっかり決まっています。

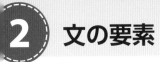

2 文の要素

まずは音読！

I have a dictionary.

スミス先生：私は辞書を持っています。

5つの文型は，どれも 主語 動詞 の順番で並んでいますね。英語の文はふつう，〈主語＋動詞〉 を中心にしてできています。ここで，英語の文を作るための4つの**文の要素**をおさえましょう。

主語 「〜は／〜が」 ：文の主人公を表す

動詞 「…だ／…する」：主語の'動作'や'状態'を表す

目的語 「〜を／〜に」 ：'動作'の対象を表す

補語 ：主語や目的語を説明するために補われるもの

I have a dictionary. （私は辞書を持っています。）第3文型
主語 動詞 目的語

　この文も主語のすぐあとに動詞が続いています。でも「私は持っています」だけでは意味が通じませんね。動詞の後ろに a dictionary（辞書）という目的語が続いて，「私は辞書を持っています」という意味になります。

I am Aya. （私はアヤです。）第2文型
主語 動詞 補語

　この文でも，主語のあとに be 動詞 am が続いています。そのあとの Aya は補語と呼ばれ，主語とイコールの関係「I（私）＝ Aya（アヤ）」になります。dictionary が「辞書」という'もの'を表すように，単語にはそれぞれはたらきがあります。そのはたらきによって分類したものを**品詞**といいます。

3 文の種類

まずは音読！

Do you have a dictionary?

スミス先生：あなたは辞書を持っていますか。

　誰かと話している時，相手にたずねたり，相手の問いかけに答えたりします
ね。英語でも同じです。

■ふつうの文「〜は…だ〔…する〕」
　I　am　Aya．（私はアヤです。）
　I　have　a dictionary．（私は辞書を持っています。）

■疑問文「〜は…ですか〔…しますか〕」
　誰かに問いかける文を**疑問文**といいます。疑問文には Yes ／ No で答えら
れる文と，答えられない文（疑問詞で始まる疑問文）があります。
　Are　you　Aya？（あなたはアヤですか。）
　― Yes, I am. ／ No, I am not.（はい，そうです。／いいえ，違います。）
　Do　you　have　a dictionary？（あなたは辞書を持っていますか。）
　― Yes, I do. ／ No, I do not.
（はい，持っています。／いいえ，持っていません。）

■否定文「〜は…ではない〔…しない〕」
　ものごとを否定する文を，**否定文**といいます。
　I　am　not　Aya．（私はアヤではありません。）
　I　do not　have　a dictionary．（私は辞書を持っていません。）

4 動詞①

まずは音読！ 自己紹介をしましょう

I am a soccer fan.

スミス先生：私はサッカーのファンです。

英語の動詞には，**be 動詞**（**am，is，are**）という特別な動詞があります。
be 動詞は主語の **'状態'** や **'存在'** を表します。

① 「主語は…である」（'状態'）

I **am** a soccer fan . （私はサッカーのファンです。）

「= （イコール）」のはたらき

この文は，「私」が「サッカーのファン」だという '状態' を表しています。
つまり，「I （私） = a soccer fan （サッカーのファン）」という関係ですね。
このように，be 動詞はイコールのはたらきをする動詞です。

② 「主語は…にいる〔ある〕」（'存在'）

I **am** in the park. （私は公園にいます。）

「…にいる〔ある〕」のように '存在' を表す文も，be 動詞を使います。

be 動詞は，主語によって形が変わります。

I （私）	am
we （私たち）	are
you （あなた〔あなたたち〕）	are
he ／ **she** （彼／彼女）	is
it （それ）	is
they （彼ら，彼女ら，それら）	are

5 動詞②

まずは音読！

> I play soccer.
> Toshi plays baseball.

アヤ：私はサッカーをします。トシは野球をします。

be 動詞の他にもう1つ，**一般動詞**と呼ばれる動詞があります。一般動詞とは，be 動詞以外の動詞のことで，「walk（歩く）」などの **'動作'** や「know（〜を知っている）」などの **'状態'** を表す言葉です。

一般動詞も be 動詞と同様，主語によって形が変わります。（📖 p.36）

I play soccer. （私はサッカーをします。）
主語　動詞　目的語

「s」がつく

Toshi plays baseball. （トシは野球をします。）
主語　　動詞　　目的語

このように主語によって一般動詞につける -(e)s を，**3 単現の -s**（「3 人称」「単数」「現在」の略）と呼びます。

ここで，**人称**について確認しておきましょう。人称とは，「話し手か聞き手か，それ以外か」という区別です。

1 人称：話し手のこと。「私」「私たち」
2 人称：聞き手のこと。「あなた」「あなたたち」
3 人称：それ以外の '人' や 'もの'。「彼」「彼女」「彼ら」「それ」など

また，一般動詞は**時制**によっても，形が変化します。（📖 p.38〜）

6 名詞と冠詞

> ## The elephant is very big!

トシ：そのゾウはすごく大きいね！

① 「名詞」は'もの'や'人'の名前を表します

　名詞とは，'もの'や'人'などを指す言葉です。book（本）などの'もの'の名前や，Toshi（トシ）などの'人'の名前，elephant（ゾウ）などの動物の名前も名詞です。名詞は文の中で，主語になったり目的語になったり，補語になったりします。

The elephant is very big.（そのゾウはとても大きいです。）
　　主語
I like the elephant.（私はそのゾウが好きです。）
　　　　目的語

② 「冠詞」a〔an〕／ the

　冠詞とは，名詞の前につく **a〔an〕／ the** のことで，名詞の頭につく「冠^{かんむり}」の役割をします。この a〔an〕や the は「1つの～」「その～」という意味を表しますが，日本語には訳さない場合が多くあります。

a book（(1冊の) 本）／ an elephant（(1頭の) ゾウ）

　elephant（ゾウ）や apple（りんご）のように母音（アイウエオに似た音）で始まる単語の前では an を使います。

　また，話している人たちの間で，「どの本のことか」「どのゾウのことか」がわかっている場合は，the をつけます。

27

7 代名詞

> Toshi likes elephants.
> He likes pandas, too.

アヤ：トシはゾウが好きだわ。彼はパンダも好きよ。

① 「代名詞」は名詞の代わりに使われます

　Toshi（トシ）という名前が一度出てきたら，次からは Toshi のことを「彼」と呼ぶことがありますね。このように，話し手と聞き手の間で誰〔何〕のことかわかっている場合は，ふつう，**代名詞**を使います。代名詞とは，前に出てきた「名詞の代わり」をするために使われる言葉です。

　その中でも，I, you, he などの‘人’を指す代名詞を**人称代名詞**といいます。

② 「代名詞」の 3 つの格

　代名詞には 3 つの格があり，文中でのはたらきによって形が変わります。

主格　　「〜は〔が〕」：主語として使われます

所有格「〜の」　　　：‘所有’を表します

目的格「〜を〔に〕」：動詞などの目的語になります

人称	単数			複数		
	主格	所有格	目的格	主格	所有格	目的格
1人称	I（私は）	my（私の）	me（私を）	we（私たちは）	our（私たちの）	us（私たちを）
2人称	you（あなたは）	your（あなたの）	you（あなたを）	you（あなたたちは）	your（あなたたちの）	you（あなたたちを）
3人称	he（彼は）	his（彼の）	him（彼を）	they（彼らは）	their（彼らの）	them（彼らを）
	she（彼女は）	her（彼女の）	her（彼女を）			
	it（それは）	its（それの）	it（それを）			

8 形容詞

Cheetahs are beautiful animals.

お母さん：チーターは美しい動物ね。

① 「形容詞」は '人' や 'もの' をくわしく説明します

形容詞とは，'人' や 'もの'（名詞）について，'様子' や '状態' を説明する言葉です。

Cheetahs are animals.（チーターは動物です。）

この文に形容詞 beautiful（美しい）を加えると，

Cheetahs are **beautiful** animals.（チーターは美しい動物です。）

となります。形容詞 beautiful を名詞 animals の前に置いて，「どんな動物か」を説明しています。このように，ある言葉に別の言葉を加えて「飾る」ことを，**「修飾する」**といいます。つまり，形容詞は名詞を修飾するのです。

② 「形容詞」は主語について説明します

形容詞を be 動詞のあとに続けて，主語について説明することもできます。

Cheetahs are **beautiful**.（チーターは美しいです。）第2文型

この場合，形容詞 beautiful は主語の Cheetahs について説明する補語になります。

このように，形容詞は〈形容詞＋名詞〉という形で使われたり，be 動詞のあとに続けて使われたりします。

9 副詞

まずは音読！

> Look! Koalas move slowly.
> They are very pretty.

トシ：見て！　コアラはゆっくり動くね。とてもかわいいね。

① 「副詞」は動詞をくわしく説明します

副詞は，動詞を修飾する言葉です。

Koalas move.（コアラは動きます。）

この状態でも文は成立しますが，この文に副詞 slowly（ゆっくり）を加えると，

Koalas move slowly.（コアラはゆっくり動きます。）
　　　　　┗━━━━┓ 動詞 move を修飾

コアラが「どのように動くのか」をくわしく説明することができます。

② 「副詞」は形容詞や他の副詞もくわしく説明します

副詞は，動詞以外に，形容詞や他の副詞も修飾することができます。

Koalas are pretty.（コアラはかわいいです。）

Koalas are very pretty.（コアラはとてもかわいいです。）
　　　　　　形容詞 pretty を修飾

Koalas move slowly.（コアラはゆっくり動きます。）

Koalas move very slowly.（コアラはとてもゆっくり動きます。）
　　　　　　副詞 slowly を修飾

副詞は文の要素（ p.23）にはなりませんが，副詞を加えることで文の表現はより豊かになりますね。

10 助動詞

まずは音読！

> Penguins can't fly,
> but they can swim well.

アヤ：ペンギンは飛べないけれど，上手に泳ぐことができるわ。

① 「助動詞」は動詞に意味を加えます

例文の can のような語を**助動詞**といいます。助動詞は動詞に意味をつけ加えます。

Penguins　　　 swim well. （ペンギンは上手に泳ぎます。）

Penguins **can** swim well. （ペンギンは上手に泳ぐことができます。）

can の他にもいろいろな助動詞があり，それらを使うことでさまざまな意味を動詞に加えることができます。

may ：「…してもよい」「…かもしれない」

must ：「…しなければならない」「…に違いない」

I　　　 buy a dictionary. （私は辞書を買います。）

I **must** buy a dictionary. （私は辞書を買わなければいけません。）

このように，助動詞は「動詞を助ける」言葉なのです。

② will で未来の文を作ることができます

助動詞の will を使って，未来についての文を作ることもできます。

I　　　 buy a dictionary. （私は辞書を買います。）

I **will** buy a dictionary. （私は辞書を買うつもりです。）

31

11 その他の品詞

まずは音読！

> Oh, look at the monkeys on the rock.
> I like that big brown monkey.

お母さん：あら，岩の上のサルを見て。
　　　　　私はあの大きくて茶色のサルが好きだわ。

　その他にもいろいろな品詞があります。ここで簡単に紹介しておきますが，すべてを一度に覚える必要はありません。少しずつ慣れていきましょう。

①「前置詞」

　<u>前置詞</u>には on，in，at，to などがあり，名詞の前に置いて‘場所’や‘時’などを表します。

the monkeys **on the rock** （岩の上のサル）

　ここでの on は，「岩の上の」という‘場所’を表しています。このように，on the rock というかたまりで the monkeys という名詞を修飾します。

②「接続詞」

　<u>接続詞</u>とは，単語と単語，文と文をつなげる言葉です。だから「接続」詞というのですね。

Aya and Toshi （アヤとトシ）

　ここでの and は，Aya と Toshi という2つの名詞をつないでいます。

③「間投詞」

　<u>間投詞</u>とは，驚きや喜びなどの感情を表す言葉です。oh，wow，uh などがあります。

Oh, look at that monkey! （あら，あのサルを見て！）

Unit 1 動 詞

1 be 動詞の現在形

「〜は…である」「〜は…にいる〔ある〕」

まずは音読！ 学校の休み時間に

> My father is an office worker.
> His office is in Tokyo.

アヤ：私のお父さんは会社員なの。
　　　お父さんの職場は東京にあるのよ。

Point ❶ be 動詞の表す意味

be 動詞は「A は B である」というように，**「A（主語）＝ B（補語）」**という関係を表します。

My father	is	an office worker.
A（「私のお父さん」）	＝	B（「会社員」）

be 動詞には，大きく分けて「〜は…である」という **'状態'**・**'様子'** を表す用法と，「〜は…にいる〔ある〕」という **'存在'** を表す用法の 2 つがあります。be 動詞の後ろには**名詞**や**形容詞**，**場所を表す表現**が続きます。

She is beautiful.（彼女は美しいです。）◁ **'状態'**

My friend is in Paris.（私の友達はパリにいます。）◁ **'存在'**

くわしく

「…である」「…する」など，否定の意味を含まない文を肯定文という。

Point ❷ be 動詞は主語によって形が変わる

be 動詞は，主語が何かによって使い分けが必要です。

主語	be 動詞
I（私は）	am
we（私たちは），you（あなた〔あなたたち〕は）	are
they（彼ら〔彼女ら，それら〕は）	are
he〔she〕（彼〔彼女〕は），it（それは）	is
Tomoko（トモコは）	is

注意！

be 動詞の短縮形
I am = I'm
you are = you're
we are = we're
they are = they're
he is = he's
she is = she's
it is = it's

✎ 次に確認！

🔍 **Point**

1 be 動詞は主語と補語をつなぐはたらきをする
'状態'（〜は…である）・'存在'（〜は…にいる〔ある〕）

2 be 動詞は主語によって形が変わる

3 疑問文〈be 動詞＋主語〜？〉
否定文〈主語＋be 動詞＋not 〜.〉

Point 3　be 動詞の疑問文・否定文

「〜は…ですか」という疑問文を作る際には，be 動詞を主語の前に出して〈**be 動詞＋主語〜？**〉とします。疑問文では，文末がピリオドではなく**クエスチョンマーク（?）**になること，答えの主語には**代名詞**を用いることにも注意しましょう。

They are busy.（彼らは忙しいです。）

Are they busy?（彼らは忙しいですか。）

　⇒「はい」の時 〈Yes, 主語＋be 動詞.〉

　　Yes, they are.（はい，忙しいです。）

　⇒「いいえ」の時 〈No, 主語＋be 動詞＋not.〉

　　No, they are not.（いいえ，忙しくありません。）

また，否定文は be 動詞のあとに否定語 not を置いて，〈**主語＋be 動詞＋not 〜.**〉という形にします。

They are from South Korea.（彼らは韓国の出身です。）

They are not from South Korea.
（彼らは韓国の出身ではありません。）

くわしく

疑問文や命令文以外の事実をそのまま伝える文を平叙文という。

Unit
1
動詞

注意！

be 動詞の否定の短縮形
I am not = I'm not
you are not
=you aren't〔you're not〕
he is not
= he isn't〔he's not〕

2 一般動詞の現在形

「～は…する」

まずは音読！

My father often runs in the park.

Good! I sometimes run there, too.

アヤ：私のお父さんはよく公園で走るのよ。
シン：それはいいね！　僕も時々そこで走るよ。

Point 1 一般動詞の表す意味

'状態' や '存在' を表す be 動詞以外の，「食べる」「書く」といった '動作' を表す動詞を**一般動詞**といいます。一般動詞は，例文の I sometimes run there. のように主語の**'習慣的な動作'** や，以下の文のように **'現在の状態'** を表します。

I like dogs.（私は犬が好きです。）◁'現在の状態'

Point 2 主語が3人称単数・現在の場合

一般動詞の文の主語が he や Aya などの3人称単数で，現在の内容を表す場合，動詞の語尾に -(e)s をつけます。これを **3単現（「3人称」「単数」「現在」）の -s** といいます。

■一般動詞の -(e)s のつけ方

ほとんどの動詞	-s をつける	live → lives
-s, -o, -x, -ch, -sh で終わる動詞	-es をつける	wash → washes
〈子音字＋y〉で終わる動詞	y を i に変えて -es をつける	try → tries

〈母音字＋y〉で終わる動詞はそのまま -s をつける（play → plays）

※母音字＝a, e, i, o, u の文字
子音字＝母音字以外の文字

📖 be 動詞（p.34）

📖 現在進行形と比較しよう（p.46）

現在のことを表す動詞の形を現在形という。

📖 代名詞の人称のまとめ（p.28）

注意！
-(e)s の発音
①有声音で終わる：[z]（plays, goes）
②無声音で終わる：[s]（likes, speaks）
③ [s][z][ʃ][tʃ][dʒ] で終わる：[ɪz]（teaches, uses）

次に確認！

🔍 Point

1 一般動詞は主語の'習慣的な動作'・'現在の状態'を表す

2 主語が3人称単数・現在の文では一般動詞の語尾に-(e)s をつける

3 疑問文〈Do〔Does〕＋主語＋動詞の原形〜 ?〉
否定文〈主語＋do〔does〕not＋動詞の原形〜 .〉

Point 3 一般動詞の疑問文・否定文

　一般動詞（現在）の疑問文・否定文を作る際には **do** を使います。主語が3人称単数の場合は do ではなく **does** を使い，**一般動詞は3単現の - s をつけずに原形**にします。

Do you like animals?（あなたは動物が好きですか。）

　⇒「はい」の時　〈Yes, 主語＋do.〉

　Yes, I do.（はい，好きです。）

　⇒「いいえ」の時　〈No, 主語＋do not〔don't〕.〉

　No, I do not〔don't〕.（いいえ，好きではありません。）

I do not〔don't〕like animals.（私は動物が好きではありません。）

Does she like animals?（彼女は動物が好きですか。）

She does not〔doesn't〕like animals.
（彼女は動物が好きではありません。）

注意！
動詞の元の形（辞書に載っている形）を原形という。

Unit
1
動詞

Z会 質問コーナー

Q be 動詞と一般動詞，どう見分けたらいいですか。

A 主語と後ろの語がイコールの関係になるかがポイントです。

have や get, go などかなりたくさんの数がある一般動詞に比べ，be 動詞は am, are, is と数が限られています。これらの be 動詞は「A ＝ B」という関係性を述べるものなので，主語と後ろの語がどのような関係になっているかを見極めましょう。

3 一般動詞の過去形①
規則動詞

まずは音読！

> I talked with your father
> in the park yesterday.
>
> Really?

シン：君のお父さんと昨日公園で話したよ。
アヤ：そうなの？

Point 1 規則動詞の過去形

「…した」という過去の内容を述べる際には，動詞を過去形にします。一般動詞の過去形には，動詞の原形に -ed〔-d〕をつける**規則動詞**と，形が不規則に変化する**不規則動詞**の2種類があります。

 不規則動詞(p.40)

> 日本語で過去のことを述べる時に「…する」ではなく，「…した」と形が変わるのと同じだね

■規則動詞の過去形の作り方

ほとんどの動詞	-ed をつける	play → played look → looked
-e で終わる動詞	-d だけをつける	live → lived like → liked
〈子音字＋ y〉で終わる動詞	y を i に変えて -ed をつける	study → studied carry → carried
〈アクセントのある短母音＋子音字〉で終わる動詞	子音字を重ねて -ed をつける	stop → stopped drop → dropped

過去の内容を述べる文では yesterday など，いつのできごとかを示す表現が多く使われます。

注意！

-ed の発音
①原形の語尾の発音が[d] 以外の有声音：[d]（played, lived）
②原形の語尾の発音が[t] 以外の無声音：[t]（looked, liked）
③原形の語尾の発音が[d][t]：[ɪd]（wanted, visited）

くわしく

過去を表す語句
last ～（この前の～）：last week など
～ ago（～前に）：two years ago など
at that time（その時）
in those days（当時）

次に確認！

Point

1 規則動詞の過去形
語尾に -ed〔-d〕をつける

2 疑問文 〈Did＋主語＋動詞の原形〜 ?〉
否定文 〈主語＋did not＋動詞の原形〜 .〉

Point 2 規則動詞の過去形の疑問文・否定文

　規則動詞の過去形の疑問文や否定文を作る時には，do
ではなく **did** を使います。一般動詞の現在形の時，主語
が 3 人称単数の場合は does を使いましたが，過去形では
主語が何でも did を使います。

She played the piano last night.
（彼女は昨夜ピアノを弾きました。）

Did she play the piano last night?
（彼女は昨夜ピアノを弾きましたか。）

　⇒「はい」の時　〈Yes, 主語＋did.〉

　　Yes, she did.（はい，弾きました。）

　⇒「いいえ」の時　〈No, 主語＋did not〔didn't〕.〉

　　No, she did not〔didn't〕.
　　（いいえ，弾きませんでした。）

She did not〔didn't〕play the piano last night.
（彼女は昨夜ピアノを弾きませんでした。）

注意！
現在形と同様，疑問文・
否定文では did の後ろ
の動詞は原形に戻る。

Unit
1

動詞

注意！
「現在」や「過去」など，
動詞の表す'動作'や
'状態'が「いつのこ
とか」を示す動詞の語
形変化を，時制という。

39

まずは音読！

Your father's shoes were cool!
He bought them last Sunday.

シン：君のお父さんの靴はかっこよかったな！
アヤ：彼はこの前の日曜日にその靴を買ったの。

Point 1 不規則動詞の過去形

一般動詞の過去形で，語尾に -ed〔-d〕をつける原則から外れるものを**不規則動詞**といいます。不規則動詞はcome，go，have などよく使われるものが多いので，それぞれの形をしっかり覚えておきましょう。

📖 規則動詞の過去形（p.38）

■よく使われる不規則動詞の過去形

原形	過去形	原形	過去形
begin（〜を始める）	began	bring（〜を持ってくる）	brought
buy（〜を買う）	bought	come（来る）	came
do（〜をする）	did	eat（〜を食べる）	ate
forget（〜を忘れる）	forgot	get（〜を得る）	got
give（〜を与える）	gave	go（行く）	went
have（〜を持っている）	had	know（〜を知っている）	knew
leave（去る）	left	make（〜を作る）	made
put（〜を置く）	put	read（〜を読む）	read [réd]
run（走る）	ran	say（〜を言う）	said
see（見える）	saw	sell（〜を売る）	sold
sing（歌う）	sang	speak（話す）	spoke
swim（泳ぐ）	swam	take（〜を取る）	took
teach（〜を教える）	taught	write（〜を書く）	wrote

📖 不規則動詞活用一覧（p.268）

次に確認！

Point

1️⃣ 不規則に変化する過去形を持つ不規則動詞

2️⃣ 疑問文〈Did＋主語＋動詞の原形〜？〉
否定文〈主語＋ did not ＋動詞の原形〜 .〉

Point 2️⃣　不規則動詞の過去形の疑問文・否定文

　不規則動詞の過去形の疑問文や否定文を作る時には，規則動詞の場合と同様，did を使います。ここでも，疑問文・否定文では動詞が原形に戻ることを忘れないようにしましょう。

She made a new bag.
（彼女は新しいかばんを作りました。）

Did she make a new bag?
（彼女は新しいかばんを作りましたか。）

　⇒ Yes, she did.（はい，作りました。）

　⇒ No, she did not〔didn't〕.
　　（いいえ，作りませんでした。）

She didn't make a new bag.
（彼女は新しいかばんを作りませんでした。）

> 過去形でまったく形が変わるもの，
> 形は同じだけど発音が変わるもの，
> 形も発音も変わらないものがあるね

41

5 be 動詞の過去形

「〜は…だった」「〜は…にいた〔あった〕」

> **Your father is a good runner!**
>
> **He was on the school marathon team.**

シン：お父さんはよいランナーだね。
アヤ：彼は学校のマラソンチームに入っていたの。

Point ❶ be 動詞の過去形

　過去の内容を述べる際に一般動詞の形が変わるように，be 動詞（am，are，is）にも過去形があります。be 動詞の過去形は「〜は…だった」「〜は…にいた〔あった〕」のように **'過去の状態'・'過去の存在'** を表します。

　過去形の be 動詞は **was** と **were** の2種類で，主語によって形が変わります。

主語	be 動詞
I（私は）	was
he〔she〕（彼〔彼女〕は），it（それは）	
Tomoko（トモコは）	
we（私たちは），you（あなた〔あなたたち〕は）	were
they（彼ら〔彼女ら，それら〕は）	

> 主語が I か 3 人称単数の時 → was
> 主語が you か複数の時 → were

ここで，be 動詞の使い分けを整理しましょう。

人称	主語（単数）	現在形	過去形	主語（複数）	現在形	過去形
1人称	I	am	was	we	are	were
2人称	you	are	were	you		
3人称	he, she, it など	is	was	they など		

 注意！
be 動詞の原形（元の形）は **be** になる。

42

✎ 次に確認！

Point

1 be 動詞の過去形は was と were の 2 種類
主語によって形が変わる

2 疑問文 〈be 動詞の過去形＋主語～ ?〉
否定文 〈主語＋be 動詞の過去形＋not ～ .〉

Point 2 be 動詞の過去形の疑問文・否定文

　be 動詞の過去形の疑問文（～は…でしたか）・否定文（～は…ではなかった）の作り方は，現在形の時とまったく同じです。

　疑問文は be 動詞を主語の前に出し，否定文は be 動詞のあとに否定語の not を置きます。

Ted and Tom were baseball players.
（テッドとトムは野球選手でした。）

Were Ted and Tom baseball players?
（テッドとトムは野球選手でしたか。）

　⇒「はい」の時　〈Yes, 主語＋be 動詞の過去形.〉

　　Yes, they were.（はい，そうでした。）

　⇒「いいえ」の時　〈No, 主語＋be 動詞の過去形＋not.〉

　　No, they were not.（いいえ，そうではありませんでした。）

Ted and Tom were not baseball players.
（テッドとトムは野球選手ではありませんでした。）

Unit
1
動詞

くわしく

人称代名詞を 2 つ以上並べる時は 2 人称を最初に，1 人称を最後にするのが一般的。3 人称は you のあと，I の前に入る。you and I ／ you, Ken and I

注意！

be 動詞の過去形の否定の短縮形
was not = wasn't
were not = weren't

43

1. 次の英文中のカッコの中から適当なものを選び，○で囲みなさい。

(1) 私は中学生です。

I (am ; are ; is) a junior high school student.

(2) この辞書は役に立ちますか。

(Am ; Are ; Is) this dictionary useful?

(3) 彼らは私の友達ではありません。

They (are ; are not ; is not) my friends.

→ 1

2. 次の日本文と同じ意味を表すように，英文中の空所に適当な語を入れなさい。

(1) 私は病院で働いています。

I (　　　　　　　　) in a hospital.

(2) 山田先生はこの学校で数学を教えています。

Mr. Yamada (　　　　　　　　) math in this school.

(3) 私はそのうわさを信じません。

I (　　　　　　　) (　　　　　　　　　) the rumor.

(4) ケンは毎日お母さんの手伝いをしますか。

(　　　　　　　　) Ken (　　　　　　　) his mother every day?

→ 2

3. 次の文をカッコ内の指示にしたがって書き換えなさい。

(1) I play tennis with my friends.（文末に yesterday をつけて）

_____

(2) The train started ten minutes ago.

（「その電車は 10 分前に出発しましたか。」とたずねる文に）

_____

(3)　I watched the TV drama last night.（否定文に）

_____

→ 3

4. 次の英文中のカッコ内の語を適当な形に変えなさい。

(1)　ハルオは今朝6時に起きました。

Haruo（ get ）up at six this morning.　　　（　　　　　　　）

(2)　ユミは本屋に行って雑誌を買いました。

Yumi　①（ go ）to the bookstore and　②（ buy ）a magazine.

　　　　　　　　　①（　　　　　　）②（　　　　　　）

(3)　「トムはパーティーに来ましたか。」「いいえ，来ませんでした。」

"①（ Do ）Tom come to the party?"

"No, he　②（ don't ）."

　　　　　　　　　①（　　　　　　）②（　　　　　　）

→ 4

Unit
1
動詞

5. 次の日本文と同じ意味を表すように，英文中の空所に適当な語を入れなさい。

(1)　私は先月とても忙しかったです。

I（　　　　　　　　）very busy last month.

(2)　昨日たくさんの生徒が学校を欠席しました。

Many students（　　　　　　）absent from school yesterday.

(3)　「あなたは昨夜家にいましたか。」「はい，いました。」

"（　　　　　　　　）you at home last night?"

"Yes, I（　　　　　　　）."

(4)　そのテストは私には難しくありませんでした。

The test（　　　　　　　）difficult for me.

→ 5

6 現在進行形

「(今) …しているところだ」

 トシがアヤを探しています

Aya?

She is talking on the phone in her room.

トシ　　：アヤ？
お母さん：彼女は部屋で電話で話しているところよ。

Point 1 現在進行形の表す意味と形

〈**be 動詞の現在形＋動詞の…ing 形**〉で，「(今) …して いるところだ」という意味を表します。これを，**現在進行 形**といいます。**1・2** で学習した現在形と違って，現在進 行形は今，その場で行っていることを表します。

 be 動詞の現在形
　　　　　　（p.34）
 一般動詞の現在形
　　　　　　（p.36）

Aya talks with her aunt on the phone every Sunday.
（アヤは毎週日曜日におばさんと電話で話します。）

日 月 火 水 木 金 土 日 月 火 水 木 金 土 日

これは，「習慣として毎週日曜日に電話で話す」という ことを表します。一方，

現在進行形

Aya is talking on the phone now.
（アヤは今，電話で話しています。）

現在進行形にすると，「今，まさに電話中」という意味に なります。

次に確認！

Point

1 現在進行形は「（今）…しているところだ」の意味
〈be 動詞の現在形＋動詞の…ing 形〉

2 疑問文 〈be 動詞＋主語＋動詞の…ing 形〜？〉
否定文 〈主語＋be 動詞＋not＋動詞の…ing 形〜 .〉

ここで，動詞の…ing 形の作り方を確認しましょう。

ほとんどの動詞	-ing をつける	go → going study → studying
語尾が -e で終わる動詞	語尾の e を取って -ing をつける	make → making use → using
語尾が〈短母音＋子音字〉で終わる動詞	語尾の子音字を重ねて -ing をつける	run → running stop → stopping
語尾が -ie で終わる動詞	語尾の ie を y に変えて -ing をつける	die → dying lie → lying

注意！
進行形には必ず be 動詞が必要！
○ I am eating dinner.
（私は夕食を食べているところです。）
× I eating dinner.

 短母音（p.266）

Unit 1 動詞

Point 2 現在進行形の疑問文・否定文

「（今）…しているところですか」という現在進行形の疑問文は，be 動詞を主語の前に出します。

Is Aya talking on the phone now?
（アヤは今電話で話しているところですか。）

⇒「はい」の時 〈Yes, 主語＋be 動詞.〉
Yes, she is. （はい，しています。）

⇒「いいえ」の時 〈No, 主語＋be 動詞＋not.〉
No, she is not〔isn't〕. （いいえ，していません。）

「…しているところではない」という現在進行形の否定文は，be 動詞の後ろに not を置きます。

Aya isn't talking on the phone now.
（アヤは今，電話で話していません。）

be 動詞の疑問文・否定文（p.35）

7 進行形にしない動詞

'状態' を表す動詞と '動作' を表す動詞

まずは音読！

> ## Aya's favorite group is singing on TV. Do you know them?

トシ：アヤの好きなグループがテレビで歌っているところなんだ。
彼女たちのことを知っているかい。

Point ❶ '状態' を表す動詞と '動作' を表す動詞

一般動詞には，know（〜を知っている）のように **'状態'を表す動詞**と，sing（歌う）のように **'動作' を表す動詞**があります。

> sing は '動作' を表す動詞

Aya's favorite group is singing on TV.
（アヤの好きなグループがテレビで歌っています。）

I know them.（私は彼女たちのことを知っています。）

> know は '状態' を表す動詞

'状態' を表す動詞は，心理的な状態など，一定の期間変わらない状態を表します。例えば，know（〜を知っている）という '状態' は，すぐには変わらないですね。いったん知れば，「知っている」状態が続きます。

'状態' を表す動詞	like（〜が好きだ），love（〜を愛している），see（見える），want（〜を欲しいと思う），belong（所属している）など
'動作' を表す動詞	cook（〜を料理する），run（走る），talk（話す），write（〜を書く）など

✎ 次に確認！

🔍 Point

1 ‘状態’を表す動詞と‘動作’を表す動詞
　‘状態’を表す動詞…like, love, know など
　‘動作’を表す動詞…cook, sing, write など

2 ‘状態’を表す動詞はふつう進行形にすることができない

Point 2 　‘状態’を表す動詞は進行形にしない

　‘動作’を表す動詞は進行形にできますが，**‘状態’を表す動詞はふつう進行形にすることができません。**

Unit
1
動詞

〔‘動作’を表す動詞〕
○ My father runs in the park every day.
　（私の父は毎日公園で走ります。）

○ My father is running in the park now.
　（私の父は今，公園で走っています。）

〔この have は‘状態’を表す〕
○ I have two dictionaries.
　（私は辞書を2冊持っています。）

× I **am having** two dictionaries.

くわしく
動詞 have は「～を持っている」という‘状態’も表し，「～を食べる」という‘動作’も表す。
have が「～を食べる」という‘動作’を表す場合は進行形にすることができる。
He **is having** lunch now.
（彼は今，昼食を食べています。）

Z会
質問コーナー Q 「…している」はすべて現在進行形になる？

A 進行形にできない動詞もあるので注意しましょう。

　‘状態’を表す動詞のように進行形にできないものもあるので，迷ったら動詞に「…しているところです」という日本語をつけてみましょう。
　例えば「走る（run）」→「走っているところです」は自然ですが，「知る（know）」→「知っているところです」は不自然ですね。ここから，run は進行形にすることができ，know は進行形にすることができない，と考えられます。

49

8 過去進行形

「(その時) …していた」

まずは音読！

> ## Oh, Aya! Your favorite group **was singing** on TV.

トシ：ああ，アヤ！ 君の好きなグループが
テレビで歌っていたんだよ。

Point ❶ 過去進行形の表す意味

〈**be 動詞の過去形＋動詞の…ing 形**〉 で「(その時) …
していた」という意味を表します。これを**過去進行形**とい
います。過去進行形は，過去のある時点で行っていたこと
を表す時に使われます。**3・4** で学習した過去形との違い
を見てみましょう。

📖 一般動詞の過去形
（p.38 ～ 41）

過去形

Yuri cooked dinner yesterday.
（ユリは昨日，夕食を作りました。）

過去形は，「夕食を作った」という過去の事実を表します。
つまり，「夕食を作り始めてから，作り終わるまで」をま
とめて，「作った」と言っているのです。

過去進行形

Yuri was cooking dinner then.
（その時，ユリは夕食を作っていました。）

一方，過去進行形にすると，過去のある時点で「夕食を
作っていた」という意味になります。つまり，その動作が
進行中で，まだ夕食を作り終えていないということになる
のです。

次に確認！

Point

1 過去進行形は「（その時）…していた」の意味
〈be 動詞の過去形（was, were）＋動詞の…ing 形〉

2 疑問文〈be 動詞の過去形＋主語＋動詞の…ing 形〜？〉
否定文〈主語＋ be 動詞の過去形＋ not ＋動詞の
…ing 形〜.〉

Point 2 過去進行形の疑問文・否定文

　過去進行形の疑問文・否定文の作り方は，**5** で学習した
be 動詞の過去形の文と同じです。

Was Ken playing tennis then?
（ケンはその時テニスをしていましたか。）

　⇒「はい」の時　〈Yes, 主語＋ be 動詞の過去形.〉

　　Yes, he was.（はい，していました。）

　⇒「いいえ」の時　〈No, 主語＋ be 動詞の過去形＋not.〉

　　No, he was not〔wasn't〕.
　　（いいえ，していませんでした。）

She wasn't sleeping when I came home.
（私が帰宅した時，彼女は寝ていませんでした。）

　be 動詞の過去形
の疑問文・否定文
　　　　　　（p.43）

くわしく

過去進行形とともによ
く使われる '時' を表
す語句

〜 ago（〜前に）: two
years ago, an hour
ago など

then ／ at that time（そ
の時）

in the morning（朝に）

Unit
1
動詞

Z会
質問コーナー　**Q** 過去形と過去進行形の区別がつきません。
　　　　　　　A 過去形は動作を「まとまり」でとらえます。

前のページでも説明していますが，文を見たら，その動作の「どこからどこまで」を
指すのか状況をイメージしてみましょう。
過去形はその出来事や動作を1つのまとまりとしてとらえているので，過去形 cooked
は「料理の作り始めから終わりまで」を表します。一方，過去進行形 was cooking は
過去のある時点で「料理を作っている最中だった」ということを表すのです。

9 未来を表す表現①

be going to 「…するつもりだ」「…するだろう」

まずは音読！

> I am going to see their
> concert tomorrow.
> Really? Great!

Concert Ticket

アヤ：私は明日，彼女たちのコンサートを見るつもりなのよ。
トシ：本当？　いいね！

Point ❶　be going to の表す意味

　これまで，現在形・過去形・現在進行形・過去進行形と，現在と過去を表す表現について学習してきました。次は，未来を表す表現について学びましょう。

　「…するつもりだ」 というすでに決めている'計画'・'意図'や，**「…するだろう」** という比較的近い未来を表す時は 〈**be 動詞＋going to＋動詞の原形**〉を使います。

　未来を表す

I am going to see their concert tomorrow.
（私は明日，彼女たちのコンサートを見るつもりです。）

　過去を表す

I saw their concert yesterday.
（私は昨日，彼女たちのコンサートを見ました。）

be going to の be 動詞は，主語によって形が変わります。

I am going to meet John next Sunday.
（私は次の日曜日にジョンと会う予定です。）

Keiko is going to call me soon.
（もうすぐケイコが私に電話をしてくるでしょう。）

We are going to take a test tomorrow.
（私たちは明日テストを受けます。）

　くわしく

未来を表す語句
soon（もうすぐ）
tomorrow（明日）
this ～（この～）: this week，this month など
next（次の～）: next weekend，next year など

　注意！

日本語では「…するつもりだ」「…するだろう」とは言わずに未来のことを表現することがよくある。

次に確認！

Point

1 〈be 動詞＋going to＋動詞の原形〉は近い未来を表す
「…するつもりだ」「…するだろう」

2 疑問文〈be 動詞＋主語＋going to＋動詞の原形〜 ?〉
否定文〈主語＋be 動詞＋not＋going to＋動詞の原形〜.〉

Point 2 be going to の疑問文・否定文

　be going to の疑問文は，be 動詞の文と同様に，be 動詞を主語の前に出して **「…するつもりですか〔…するでしょうか〕」** という意味を表します。

Is he going to visit his grandmother next week?
（彼は来週，おばあさんを訪ねるつもりでしょうか。）

　⇒「はい」の時　〈Yes, 主語＋be 動詞.〉

　Yes, he is.（はい，そのつもりです。）

　⇒「いいえ」の時　〈No, 主語＋be 動詞＋not.〉

　No, he is not〔isn't〕.
（いいえ，そのつもりではありません。）

　否定文は，be 動詞の後ろに not を置いて **「…するつもりはない〔…しないだろう〕」** という意味を表します。

I'm not going to use my computer today.
（私は今日はコンピューターを使う予定はありません。）

くわしく

be 動詞が過去形の場合，過去の時点から見た未来の予定を表す。
I was going to go out then.
（私はその時出かけようとしていました。）
He wasn't going to go to the library.
（彼は図書館に行くつもりではありませんでした。）

Unit 1 動詞

10 未来を表す表現②

will 「…しようと思う」「…するだろう」

まずは音読！

> I will wear the pink T-shirt for the concert.
> Nice. Have fun!

アヤ：コンサートにはピンクのTシャツを着ていくわ。
トシ：いいね。楽しんできてね！

Point ❶ will の表す意味

be going to の他に，未来のことを表す時には **will** という語を使います。will は**助動詞**と呼ばれ，主語が何であっても後ろに動詞の原形が続きます。will は 「**…しようと思う**」 という'意志'と，「**…するだろう**」 という'予想'を表します。

'意志'（…しようと思う）

I'll wear the pink T-shirt for the concert.
（私はコンサートにピンクのTシャツを着ます。）

'予想'（…するだろう）

Tom will arrive at five o'clock.
（トムは5時に到着するでしょう。）

〈**will＋動詞の原形**〉 の形で使われるので，be 動詞の場合は原形の be が続きます。

My daughter will be fifteen years old next month.
（私の娘は来月，15歳になります。）

Point ❷ will の疑問文・否定文

「**…するつもりですか**」「**…するでしょうか**」とたずねる疑問文は，will を主語の前に出します。

📖 助動詞（p.31, 60〜）

くわしく
I'm going to wear the pink T-shirt for the concert. とすることもできる。（p.52）

くわしく
will は短縮形で用いることが多い。
I will = I'll
you will = you'll
we will = we'll

次に確認！

Point

1 助動詞 will は未来を表す
「…しようと思う」「…するだろう」

2 疑問文 〈Will＋主語＋動詞の原形〜？〉
否定文 〈主語＋will not＋動詞の原形〜．〉

Will the concert start on time?
（そのコンサートは時間通りに始まるでしょうか。）

⇒「はい」の時　〈Yes, 主語＋will.〉

Yes, it will.（はい，始まるでしょう。）

⇒「いいえ」の時　〈No, 主語＋will not.〉

No, it will not〔won't〕.（いいえ，始まらないでしょう。）

「…しようとは思わない」「…しないだろう」という否定
文は，will の後ろに not を置きます。will not の短縮形は
won't［wóunt ウォウント］となります。

I won't〔will not〕join the baseball team.
（私は野球チームに入ろうとは思いません。）

くわしく
will の疑問文は ‘依頼’
の意味も表す。(p.68)

Unit
1
動詞

**Z会
質問コーナー**　**Q** be going to と will はまったく同じ意味なのですか。
A まったく同じというわけではありません。

両方とも ‘意図’ や ‘意志’ を表しますが，いつから「そのつもり」だったのかが少
し違います。あまり細かく気にする必要はありませんが，簡単に示しておきますね。
I'm going to go shopping with you.
（あなたと一緒に買い物に行くつもりです。）→前からそのつもり
Are you going alone?　I'll go with you.
（一人で行くのですか。私も一緒に行きます。）→今そのつもりになった

1. 次の日本文と同じ意味を表すように，英文中の空所に適当な語を入れなさい。

(1) その少年たちはプールで泳いでいるところです。

The boys （　　　　　　） （　　　　　　　　） in the pool.

(2) 私は今マンガを読んでいません。

I am （　　　　　　　） （　　　　　　　　） a comic now.

(3) 「彼は今入浴中ですか。」「はい，そうです。」

" （　　　　　　　） he （　　　　　　　） a bath now?"

"Yes, he （　　　　　　　）."

→ 6

2. 次の英文中のカッコの中から適当なものを選び，○で囲みなさい。

(1) ケンには兄が 2 人います。

Ken (have ; has ; is having) two brothers.

(2) 学生たちは食堂で昼食をとっています。

The students (have ; is having ; are having) lunch in the cafeteria.

(3) ジムはたいてい放課後に野球をしますが，今は公園を走っています。

Jim usually (play ; plays ; is playing) baseball after school, but he (run ; runs ; is running) in the park now.

→ 7

3. 次の日本文と同じ意味を表すように，英文中の空所に適当な語を入れなさい。

(1) その時祖母はテレビを見ていました。

My grandmother （　　　　　　） （　　　　　　　） TV at that time.

(2) 「その時，その歌手がテレビで歌っていましたか。」

「いいえ，歌っていませんでした。」

" （　　　　　　　） the singer （　　　　　　　） on TV then?"

"No, she （　　　　　　）."

→ 8

56

4. 次の日本文と同じ意味を表すように，カッコ内の語句を並べかえなさい。

(1) 彼は会議でフランス語でスピーチをする予定です。

[going / he / is / make / to] a speech in French at the meeting.

_____ a speech in French at the meeting.

(2) 彼らは今夜はケイコに会うつもりがありません。

[are / going / not / see / they / to] Keiko tonight.

_____ Keiko tonight.

→ 9

Unit
1
動詞

5. 次の文をカッコ内の指示にしたがって書き換える時，空所に適当な語を入れなさい。

(1) I clean my room every day.（下線部を tomorrow に変えて）

I (　　　　　　) (　　　　　　　) my room tomorrow.

(2) He is going to send an e-mail to Ken tonight.（ほぼ同じ内容の文に）

He (　　　　　　) (　　　　　　　) an e-mail to Ken tonight.

(3) She will go to the concert next Saturday.（疑問文に）

(　　　　　　) (　　　　　　　) (　　　　　　　) to the concert next Saturday?

(4) He will visit the temple during his stay in Kyoto.（否定文に）

He (　　　　　　　) visit the temple during his stay in Kyoto.

→10

1. (1) am　　　　　　　　　　　(2) Is ⟨ this dictionary は単数 ⟩

(3) are not

2. (1) work　　　　　　　　　　(2) teaches

(3) don't ; believe　　　　　　(4) Does ; help

3. (1) I played tennis with my friends yesterday.

⟨ 「私は友人とテニスをします。」→「私は昨日友人とテニスをしました。」 ⟩

(2) Did the train start ten minutes ago?

⟨ 元の文は「その電車は 10 分前に出発しました。」 ⟩

(3) I didn't 〔did not〕 watch the TV drama last night.

⟨ 元の文は「私は昨夜そのテレビドラマを見ました。」 ⟩

4. (1) got　　　　　　　　　　　(2) ① went　② bought

(3) ① Did　② didn't

5. (1) was　　　　　　　　　　　(2) were

(3) Were ; was　　　　　　　　(4) wasn't ⟨ was not の短縮形 ⟩

1. (1) are ; swimming ⟨ 語尾の子音字を重ねて -ing ⟩

(2) not ; reading　　　　　　　(3) Is ; taking ; is

2. (1) has ⟨ '状態' を表す動詞 ⟩　　　(2) are having

(3) plays ; is running

3. (1) was ; watching　　　　　　(2) Was ; singing ; wasn't

4. (1) He is going to make ⟨ make a speech「スピーチをする」 ⟩

(2) They are not going to see

5. (1) will ; clean

⟨ 「私は毎日部屋を掃除します。」→「私は明日部屋を掃除しようと思います。」 ⟩

(2) will ; send

⟨ 「彼は今夜ケンにメールを送るつもりです。」という意味 ⟩

(3) Will ; she ; go

⟨ 元の文は「彼女は次の土曜日にコンサートに行こうと思っています。」 ⟩

(4) won't

⟨ 元の文は「彼は京都滞在中にその寺を訪ねようと思っています。」 ⟩

Unit

2 助動詞

11 can / may
「…できる」「…してもよい」

学校の授業で

Read the words on the blackboard, Toshi.

Well, I can't see them clearly.

先生：トシ，黒板の単語を読んでちょうだい。
トシ：ええと，はっきり見えません。

Point ❶ can の表す意味

can は大きく分けて2つの意味を動詞に加える助動詞です。1つは，「**…できる**」という'能力・可能'の意味，もう1つは「**…してもよい**」という'許可'の意味になります。なお，can の過去形は could となります。could は「…できた」という意味を表す他，ていねいな依頼（p.68）でも使われます。

I can play the guitar.（私はギターを弾くことができます。）

You can ask questions.（質問をしてもいいですよ。）

また，「…できる」の意味の can は **〈be able to＋動詞の原形〉** を使って言い換えることができます。

I am able to play the guitar.
（私はギターを弾くことができます。）

be able to の疑問文・否定文は be 動詞の文と同じルールになります。

Is she able to speak English well?
（彼女は英語を上手に話せますか。）

⇒ Yes, she is. / No, she isn't.
（はい，話せます。／いいえ，話せません。）

She is not able to speak English well.
（彼女は英語を上手に話せません。）

助動詞とは(p.31)

くわしく

can には'可能'の意味から一歩進んで，「…があり得る」という意味もある。また，否定文では「…するのはあり得ない」という意味になる。

We **can** make mistakes.
（私たちは間違えることがあり得ます。）

His story **can't** be true.
（彼の話は本当のはずがありません。）

be 動詞は主語や時制に応じて形が変化する。過去の内容には was able to，未来の内容には will be able to を用いる。

✏ 次に確認！

🔍 Point

1 助動詞 can「…できる」（'能力・可能'）・「…してもよい」（'許可'）

2 助動詞 may 「…してもよい」（'許可'）・「…かもしれない」（'推量'）

3 疑問文 〈Can〔May〕＋主語＋動詞の原形〜 ?〉
否定文 〈主語＋can〔may〕not＋動詞の原形〜 .〉

Point **2**　may の表す意味

may は「…してもよい」という'許可'の意味,「…かもしれない」という'推量'の意味を表します。

You may sit down.（座ってもいいですよ。）

She may know this.
（彼女はこのことを知っているかもしれません。）

> 主語が3人称単数でも助動詞の後ろの動詞は原形

Point **3**　can ／ may の疑問文・否定文

can ／ may の文を疑問文にする時は, can や may を主語の前に出し,〈Can〔May〕＋主語＋動詞の原形〜 ?〉の語順にします。また, 否定文にする時は, can や may のあとに not を置きます。

Can she speak English well?
（彼女は英語を上手に話せますか。）

　⇒「はい」の時〈Yes, 主語＋can〔may〕.〉

　　Yes, she can.（はい, 話せます。）

　⇒「いいえ」の時〈No, 主語＋can't〔cannot, may not〕.〉

　　No, she can't〔cannot〕.（いいえ, 話せません。）

She can't〔cannot〕speak English well.
（彼女は英語を上手に話せません。）

> ⚠ 注意！
> can't や cannot がふつうで, can not という形は通常あまり使われない。

61

12 must
「…しなければならない」

まずは音読！

You can sit close to the board.

Or I must buy some glasses.

先生：黒板の近くに座っていいですよ。
トシ：それか僕はめがねを買わないといけませんね。

Point ❶ must の表す意味

must は「…しなければならない」という'義務'を表します。must は自分以外の人に使うと強く強制するニュアンスになります。目上の人や親しくない人に must を使うと失礼になる場合があるので注意しましょう。

また，must は他に「…に違いない」という'推量'の意味もあります。

He must be rich.（彼はお金持ちに違いありません。）

Point ❷ must の疑問文・否定文

must の疑問文・否定文の作り方のルールは，can や may と同じです。

Must I eat the salad?
（私はサラダを食べなければいけませんか。）

 ⇒「はい」の時 〈Yes, 主語＋must.〉

   Yes, you must.（はい，食べなければいけません。）

 ⇒「いいえ」の時

   No, you don't have to.
   （いいえ，食べる必要はありません。）

「～する必要がある」の意味の have to の否定形を使って答えます。

have to（p.64）

62

次に確認！

Point

1 助動詞 must 「…しなければならない」（'義務'）・「…に違いない」（'推量'）

2 疑問文〈Must＋主語＋動詞の原形〜？〉
否定文〈主語＋must not＋動詞の原形〜．〉

3 助動詞 should 「…するべきである」（'義務'）

---

　must not は「…してはならない」という強い禁止の意味になり，短縮形は mustn't ［mʌ́snt マスント］となります。

You must not〔mustn't〕smoke in this building.
（この建物でタバコを吸ってはいけません。）

Point **3** should の表す意味

　should は must と同じく'義務'を表す助動詞ですが，must よりも強制の度合いがやわらかく，「…するべきである」「…したほうがよい」という意味になります。

You should leave here now.
（あなたはここを今発つべきです。）

Should I read this book?
（私はこの本を読むべきですか。）

　⇒ Yes, you should.（はい，読むべきです。）

　⇒ No, you should not〔shouldn't〕.
　　（いいえ，読むべきではありません。）

You should not〔shouldn't〕ask me.
（私に聞かないほうがいいですよ。）

Unit
2

助動詞

〈had better＋動詞の原形〉でも「…したほうがよい」の意味を表す。You had better .... という表現は命令的な意味を持つので，特に目上の人に対しては使われない。

must 同様，「読む必要はありません」という意味にする場合はYou don't have to. と答える。

13 have to
「…しなければならない」

まずは音読！ 帰宅後

I can't see the blackboard well.

Then, you have to buy some glasses.

トシ　　：僕，黒板があまりよく見えないんだ。
お母さん：それなら，めがねを買わないとね。

Point 1　have to の表す意味

「…しなければならない」「…する必要がある」という意味は，must の他に **have to** を使っても表すことができます。have to の後ろは必ず**動詞の原形**が続きます。

You must study hard. ≒ You have to study hard.
（あなたは一生懸命勉強しなければなりません。）

また，have to の have は一般動詞と同じ形の変化をするため，文の主語が 3 人称単数の場合は **has to** となります。

He has to study hard.
（彼は一生懸命勉強しなければなりません。）

さらに，過去の内容を表す際は **had to** となり，未来の内容を表す際は **will have to** となります。

He had to study hard.
（彼は一生懸命勉強しなければなりませんでした。）

He will have to study hard.
（彼は一生懸命勉強しなければならないでしょう。）

Point 2　have to の疑問文・否定文

have to の文は，一般動詞と同じく do〔does〕を使って疑問文・否定文を作ります。have to の否定文は「…してはならない」ではなく，**「…する必要はない」**という意

それぞれの読み方に注意しよう。
have to [hǽf tə ハフタ]
has to [hǽs tə ハスタ]
had to [hǽt tə ハッタ]

must は過去形がない。

must の否定形の意味は「…してはならない」。(p.63)

64

次に確認！

🔍 Point

1 have to 「…しなければならない」（'義務'）
have to の後ろは動詞の原形が続く

2 have to の否定形 don't〔doesn't〕have to は
「…する必要はない」の意味

味になる点に注意しましょう。

Do you have to finish the work at once?
（あなたはすぐに仕事を終えなければいけないのですか。）

　⇒ Yes, I do.（はい，終えなければいけません。）

　⇒ No, I do not〔don't〕(have to).
　　（いいえ，その必要はありません。）

You do not〔don't〕have to finish the work soon.
（あなたはすぐに仕事を終える必要はありません。）

過去形の場合もルールは同じです。

Did he have to buy that book?
（彼はその本を買わなくてはいけなかったのですか。）

　⇒ Yes, he did.（はい，買わなければいけませんでした。）

　⇒ No, he did not〔didn't〕(have to).
　　（いいえ，その必要はありませんでした。）

He did not〔didn't〕have to buy that book.
（彼はその本を買う必要はありませんでした。）

**Unit
2**

助
動
詞

**Z会
質問コーナー**　**Q** must と have to に違いはあるのですか。
　　　　　　A まずは大きな違いをおさえましょう。

① have to は had to とすることで過去の内容を表すことができるのに対し，<u>must に
は過去形がないこと</u>，② have to の否定形は「…してはいけない」ではなく，<u>「…する
必要はない」</u>となること，といった大きな違いをしっかり確認しましょう。

まずは音読！ めがね屋さんで

> May I help you?

> I need some glasses.

店員：いらっしゃいませ。
トシ：僕，めがねが欲しいんです。

Point 1 '許可'を求める表現

「…してもよいですか」と相手に許可を求める際は，**May I ...?** や **Can I ...?** という表現を使います。May I ...? は目上の人や見知らぬ人に許可を求めたり，頼み事をする時のきちんとした言い方です。Can I ...? よりもていねいな印象を与えます。

もし，誰かから May I ...? や Can I ...? と許可を求められたら，許可する場合は Sure. や Yes, of course（you can）．と答えます。逆に，許可しない場合は，I'm sorry, but you can't. や I'm afraid not. と答え，後ろに理由を続けるのが一般的です。

> **くわしく**
> May I ...? に対して，Yes, you may. や No, you may not. と答えると，目上の人に対しては失礼な言い方になるので，一般的には使われない。

"May I close the window?" "Sure."
（「窓を閉めてもいいですか。」「どうぞ。」）

"Can I use this dictionary?"

"I'm sorry, but you can't. It's not mine."
（「この辞書を使ってもいいですか。」
「ごめんなさい，だめです。私のものではないんです。」）

✎ 次に確認！

🔍 Point

１ May〔Can〕I ...? は'許可'を求める会話表現
「…してもよいですか」

２ Shall I ...? ／ Shall we ...? は'提案'を表す会話表現
「（私が）…しましょうか」／「（一緒に）…しませんか」

Point ２　'提案'を表す表現

　「…しましょうか」と相手に申し出たり，「…しませんか」と相手を誘う表現には **shall** を用います。

　まず，**Shall I ...?** は <u>「（私が）…しましょうか」</u>と申し出るていねいな言い方です。申し出を受け入れる場合には，Yes, please. と答え，断る場合には No, thank you. と答えるのが一般的です。

"Shall I take your bag?" "Yes, please."
（「あなたのかばんをお持ちしましょうか。」「お願いします。」）

　一方で，**Shall we ...?** は <u>「（一緒に）…しませんか」</u>と提案する時に使われます。提案を受け入れる際は，All right. や Yes, let's. と答え，断る場合は No, let's not. や I'm sorry, but I can't. と答え，後ろに理由を続けるのが一般的です。

"Shall we play tennis this afternoon?"

"No, let's not. We don't have time today."
（「今日の午後，テニスをしませんか。」
「やめておきましょう。今日は時間がありません。」）

Unit
2
助動詞

> 💬 くわしく
> 会話では Shall we ...? よりも Let's .... を使うのがふつう。
> （p.158）

67

15 助動詞を用いた会話表現②

'依頼' を表す表現

まずは音読！

Would you show me the blue frames?

Sure.

トシ：青いフレーム（のめがね）を見せてもらえますか。
店員：もちろん。

Point 1 '依頼' を表す表現

「…してくれますか」という '依頼' を表す際には，助動詞 will や can の過去形を用いた **Would you ...?** や **Could you ...?** という表現を使います。助動詞を過去形にせずに，Will you ...?，Can you ...? と言うことも可能ですが，would や could を使ったほうがていねいな言い方になります。

"Would 〔Could〕 you open the window?"
"Yes, of course."
（「窓を開けていただけますか。」「もちろん，いいですよ。」）

"Will 〔Can〕 you help me with my homework?"
"I'm sorry, but I can't. I'm so busy now."
（「私の宿題を手伝ってもらえませんか。」
「すみません，できません。今とても忙しいんです。」）

'依頼' は **47** で学習する Please.... の形を使っても表すことができます。

 くわしく
助動詞の過去形を用いた Would 〔Could〕 you ...? は仮定法過去の表現。（p.252）

 注意！
would を使った頻出の表現として，<u>would like 〜</u>（〜がほしい）もおさえておこう。
I would like some tea.
（お茶をいただきたいのですが。）
I want some tea. というよりも would like を使うほうがていねい。

 Please....
(p.158)

次に確認！

Point

1 ‘依頼’を表す会話表現（…してくれますか）

Would you ...?
Could you ...?
Will you ...?
Can you ...?

2 助動詞のまとめ

Point 2 助動詞のまとめ

これまでに学習した助動詞を整理しましょう。

■代表的な助動詞のまとめ

will	…しようと思う／…するだろう
can	…できる／…してもよい
may	…してもよい／…かもしれない
must	…しなければならない／…に違いない
should	…するべきである
have to	…しなければならない

■助動詞を使った代表的な会話表現

‘許可’を求める	May I ...?	…してもよいですか
	Can I ...?	
‘提案’を表す	Shall I ...?	（私が）…しましょうか
	Shall we ...?	（一緒に）…しませんか
‘依頼’を表す	Would you ...?	…してくれますか
	Could you ...?	
	Will you ...?	
	Can you ...?	

69

1. 次の英文中のカッコの中から適当なものを選び，○で囲みなさい。

(1) ヒロコはドイツ語で手紙を書くことができます。

Hiroko can (write ; writes ; wrote) a letter in German.

(2) 「あなたのお姉さんはピアノが弾けますか。」

「いいえ。でもギターは弾けます。」

"(Can ; Will) your sister play the piano?"

"No, she (can't ; won't).　But she (has to ; is able to) play the guitar."

(3) 午前中はこのコンピューターを使ってもいいですよ。

You (do ; may ; will) use this computer in the morning.

→11

2. 次の日本文の意味を表す英文を完成させなさい。ただし，英文には must を使うこと。

(1) 彼らは夕食までに宿題を終わらせなければなりません。

_____ before dinner.

(2) 授業中は日本語を話してはいけません。

_____ during the class.

(3) 私は今日病院に行かなければなりませんか。

_____ today?

(4) 彼は長時間歩いたあとで疲れているに違いありません。

_____ after the long walk.

→12

3. 次の日本文と同じ意味を表すように，英文中の空所に適当な語を入れなさい。

(1) 私はその会議に参加しなければなりませんか。

（　　　　　　）（　　　　　　　　　） have to attend the meeting?

(2) ケイコは今日家にいなければなりません。

Keiko （　　　　　　）（　　　　　　　　　） stay at home today.

(3) 彼らは駅まで歩かなければなりませんでした。

They （　　　　　　）（　　　　　　　　　） walk to the station.

(4) 暖房を消す必要はありません。

You （　　　　　　）（　　　　　　　　　） to turn off the heater.

→13

4. 次の日本文と同じ意味を表すように，英文中の空所に適当な語を入れなさい。

(1) 「この DVD を借りてもいいですか。」「いいですよ。」

"（　　　　　　）（　　　　　　　　　） borrow this DVD?" "Sure."

(2) 放課後，図書館に行きませんか。

（　　　　　　）（　　　　　　　　　） go to the library after school?

(3) 「私の住所をお知らせしましょうか。」「はい，お願いします。」

"（　　　　　　）（　　　　　　　　　） tell you my address?"

"Yes, （　　　　　　　　）."

→14

5. 次の日本文の意味を表す英文を書きなさい。

(1) 窓を開けてくれませんか。

_____

(2) ここにあなたの名前を書いていただけませんか。

_____

→15

1. (1) write ◁（助動詞のあとは動詞の原形）

　　(2) Can ; can't ; is able to ◁（「…できる」の can ＝ be able to）

　　(3) may

2. (1) They must finish their homework

　　(2) You must not speak Japanese

　　(3) Must I go to the hospital

　　(4) He must be tired ◁（'推量' を表す must）

3. (1) Do ; I

　　(2) has ; to ◁（主語が 3 人称.単数）

　　(3) had ; to

　　(4) don't ; have ◁（turn off 〜「(テレビなど) を消す」）

4. (1) May〔Can〕; I

　　(2) Shall ; we

　　(3) Shall ; I ; please ◁（申し出を断る時には No, thank you. を使う）

5. (1) Will〔Can〕you open the window?

　　(2) Would〔Could〕you write (down) your name here?

Unit

3

疑問詞

16 What ／ Which を用いた疑問文

「何」「どれ〔どちら〕」をたずねる文

まずは音読！ いとこのショウタとお出かけ

> What is that?

> It is a bench.

ショウタ：あれは何？
アヤ　　：あれはベンチよ。

 疑問詞はふつう，文の先頭に置く

「あれはベンチですか」とたずねる場合は，

Is that a bench?

になりますね。

では，「あれは何ですか」とたずねたい場合はどうしたらよいでしょうか。「はい／いいえ」ではなく，具体的な情報をたずねる時は，**疑問詞**を使います。

That is ⬚?⬚ .（あれは⬚?⬚ です。）
この部分をたずねたい

⬚「何」→⬚
⬚疑問詞 What⬚　⬇

What is that?（あれは何ですか。）
〈be 動詞＋主語〉の語順に

疑問詞を用いた疑問文では，ふつう**疑問詞を文頭に置き**ます。そのあとは通常の疑問文と同じ語順になります。

Point ②　What は「何」をたずねる

What は「何」という具体的な情報をたずねる時に使います。答える時は Yes，No は使わず，ふつうの文で答えます。

くわしく
疑問詞を用いた疑問文は，ふつうイントネーションを下げ調子に発音する。
What is that?（↘）

✐ 次に確認！

🔍 Point

1 疑問詞はふつう，文の先頭に置く

2 疑問詞 What は「何」をたずねる

3 疑問詞 Which は「どれ〔どちら〕」をたずねる

"What is her last name?" "(It is) Sato."
(「彼女の名字は何ですか。」「佐藤です。」)

"What do you want for Christmas?"

"I want a new bike."
(「クリスマスに何が欲しいですか。」「新しい自転車が欲しいです。」)

くわしく

相手の職業をたずねる
時も What を使う。
"What do you do?"
"I'm a student."
(「お仕事は何をしてい
ますか。」「私は学生で
す。」)

Point 3　Which は「どれ〔どちら〕」をたずねる

Which は何か制限のある範囲において，「どれ〔どちら〕」
をたずねる時に使います。例えば目の前にペンが何本か
あって，そのうちの「どれ」が相手のペンかたずねたい場
合，このような文になります。

"Which is your pen?" "This is mine."
(「どれ〔どちら〕があなたのペンですか。」「これが私のです。」)

📖 所有代名詞(p.96)

また，具体的な２つのうちから１つを選んでほしい場
合は，**Which 〜 , A or B?** という形で選択肢をはっきり
示すこともできます。

"Which do you want, rice balls or sandwiches?"

"I want rice balls."
(「おにぎりとサンドイッチのどちらが欲しいですか。」
「おにぎりが欲しいです。」)

くわしく

A or B の 部 分 は，A
を上げ調子，B を下げ
調子に発音する。
Which do you want
(↗)，rice balls (↗)
or sandwiches (↘)？

Unit
3

疑
問
詞

17 Who ／ Whose を用いた疑問文
「誰（が）」「誰の（もの）」をたずねる文

 まずは音読！

Who is that man?
He is our bus driver.

ショウタ：あの男の人は誰？
アヤ　　：私たちのバスの運転手さんよ。

Point 1 **Who** は「誰（が）」をたずねる

Who は「誰（が）」という具体的な情報をたずねる時に使います。

That girl is ⬚?⬚ . （あの女の子は ⬚?⬚ です。）
　　　　　この部分をたずねたい

「誰」→疑問詞 Who　

" **Who** **is that girl**?" "She is my friend Yumi."
　　　　〈動詞＋主語〉の語順に

（「あの女の子は誰ですか。」「彼女は私の友達のユミです。」）

"Who is Thomas?" "He is my brother."
（「トーマスって誰ですか。」「私のお兄さんです。」）

また，一般動詞の文では Who が主語になって，「誰が…します〔しました〕か」という意味を表すこともできます。この場合，疑問詞のすぐあとに動詞が続いて，ふつうの文と同じ〈主語＋動詞〉の語順になります。

⬚?⬚ plays the piano. （ ⬚?⬚ がピアノを弾きます。）
この部分をたずねたい

⬇　「誰が」→疑問詞 Who

" **Who** **plays** the piano?" "Hikaru does."
　　主語　動詞

（「誰がピアノを弾きますか。」「ヒカルが弾きます。」）

 注意！
Who is はよく短縮形が用いられる。
Who's that girl?

くわしく
相手の名前を直接たずねる場合
○ What's your name?
○ Can I have your name?
Who are you? は 失礼。

 注意！
Who は 3 人称単数扱いなので，現在の文の場合，一般動詞には -(e)s がつく。

次に確認！

Point

1 疑問詞 Who は「誰（が）」をたずねる

2 疑問詞 Whose は「誰の（もの）」をたずねる
〈Whose＋名詞〉の形で使うこともできる

Point 2　Whose は「誰の（もの）」をたずねる

　Whose は「誰の（もの）」と持ち主をたずねる時に使います。また，単独でも **〈Whose＋名詞〉** の形でも使うことができます。答える際は所有代名詞や，名詞に**アポストロフィ・エス（'s）**をつけた形を使います。

所有代名詞(p.96)

注意！
〈(固有) 名詞＋'s〉で「〜のもの」という所有の意味を表す。

Unit
3
疑問詞

"Whose is this racket?" "It's mine."
（「このラケットは誰のですか。」「私のものです。」）

"Whose racket is this?" "It's mine."
（「これは誰のラケットですか。」「私のものです。」）

"Whose umbrella did you borrow?"

"I borrowed Mariko's."
（「誰の傘を借りたのですか。」「マリコのものを借りました。」）

**Z会
質問コーナー**　Q 疑問詞がつく疑問文は語順がわからなくなります。
　　　　　　　A 疑問詞が主語になる時は要注意！

疑問詞がつく場合は，「何について聞いているのか」をよく考えましょう。特に注意が必要なのは，Who のように疑問詞が主語になる場合です。主語になる疑問詞のあと，すぐに動詞が続きます。疑問詞は 3 人称・単数扱いなので，現在形の文では，一般動詞に -(e)s がつきます。
"Who takes care of these flowers?" "My father does."
（「誰がこれらの花の世話をしているのですか。」「私の父です。」）
疑問詞が主語にならない場合は〈疑問詞＋通常の疑問文〜？〉の語順になります。この 2 つのパターンをおさえましょう。

77

18 〈What〔Which〕＋名詞〉を用いた疑問文

「何の〜」「どの〔どちらの〕〜」をたずねる文

まずは音読！

Which bus do we take?

We take the red bus.

ショウタ：僕たちはどのバスに乗るの？
アヤ　　：私たちはその赤いバスに乗るのよ。

Point 1 〈What＋名詞〜？〉の表す意味

What には，〈**What＋名詞**〉の形で「何の〜」という意味を表す使い方があります。

"**What sport** do you play?" "I play basketball."
　何の　スポーツ
（「あなたは何のスポーツをしますか。」
「私はバスケットボールをします。」）

"What color does your mother like?" "She likes green."
（「あなたのお母さんは何色が好きですか。」
「母は緑色が好きです。」）

また，What を使って，時刻や曜日などをたずねる表現があります。覚えておきましょう。

"What time is it (now)?" "It's five forty."　〔時刻〕
（「（今）何時ですか。」「5 時 40 分です。」）

"What time did you go to bed last night?"

"At eleven thirty."
（「昨夜は何時に寝ましたか。」「11 時 30 分です。」）

"What day is (it) today?" "It's Thursday."　〔曜日〕
（「今日は何曜日ですか。」「木曜日です。」）

注意！
〈What ＋名詞〉の形では What と名詞は離さないで使う！
× What do you play sport?

'天候'・'時間'を表す it（p.92）

くわしく
くだけた表現
What's up?（元気？〔どうしたの？〕）

くわしく
日付をたずねる表現
"What's the date today?"
"It's July 17th."
（「今日は何月何日ですか。」
「7 月 17 日です。」）

次に確認！

Point

1 〈What＋名詞〜？〉は「何の〜」をたずねる
What time is it (now)?（今，何時ですか。）
What day is (it) today?（今日は何曜日ですか。）

2 〈Which＋名詞〜？〉は「どの〔どちらの〕〜」をたずねる

Point 2 〈Which＋名詞〜？〉の表す意味

Which にも，〈**Which＋名詞**〉の形で「どの〔どちらの〕〜」という意味を表す使い方があります。

"**Which bus** do you take?" "I take the red bus."
　　どの　　バス
（「どのバスに乗りますか。」「赤いバスに乗ります。」）

"Which book did you read?" "I read this one."
（「どちらの本を読みましたか。」「私はこちらの本を読みました。」）

疑問詞を単独で使う場合と同様，〈Which＋名詞〉が主語になる一般動詞の疑問文では，すぐあとに動詞が続きます。

"Which train goes to Tokyo?" "That blue train (does)."
（「どの電車が東京に行きますか。」「あの青い電車です。」）

くわしく
〈What ＋ 名 詞〉，〈Which ＋ 名 詞〉のWhat や Which は 後ろにくる名詞を修飾しているので，疑問形容詞と呼ばれる。

Unit
3
疑問詞

🔺疑問詞が主語になる場合（p.76）

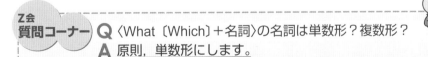

Z会
質問コーナー **Q** 〈What〔Which〕＋名詞〉の名詞は単数形？複数形？
　　　　　　 A 原則，単数形にします。

〈What〔Which〕＋名詞〉の疑問文で使われる名詞は，基本的には単数形にします。それは，たずねる人が相手の答えは単数形になると思っているからです。
"What movie are we going to see?" "Let's see 'Best Friends'."
（「何の映画を見ますか。」「『ベストフレンド』を見ましょう。」）
ただし，相手の答えが複数形になりそうな場合は，複数形を使うこともあります。
"What subjects did you study at school today?" "Math, English, history ...."
（「今日は学校で何の科目を勉強した？」「数学と，英語と歴史と…。」）

19 Where ／ When ／ Why を用いた疑問文

「どこ」「いつ」「なぜ」をたずねる文

まずは音読！

> When will we get home?
> About three o'clock.

ショウタ：いつ家に着くの？
アヤ　　：3時くらいよ。

Point ❶ Where は「どこ」をたずねる

「どこ」と**‘場所’**をたずねる時には，**Where** を使います。「〜はどこにあります〔ありました〕か」とたずねる場合は，〈**Where＋be 動詞＋主語？**〉で表します。

"Where is my bag?" "It's on the table."
（「私のかばんはどこですか。」「テーブルの上にあります。」）

「どこで…します〔しました〕か」とたずねる場合は，〈**Where＋do〔does, did〕＋主語＋動詞〜？**〉で表します。

"Where does Tomoki live?" "He lives in Sakura City."
（「トモキはどこに住んでいますか。」
「彼はサクラ市に住んでいます。」）

Point ❷ When は「いつ」をたずねる

「いつ」と**‘時’**をたずねる時には，**When** を使います。「〜はいつです〔でした〕か」とたずねる場合は，〈**When＋be 動詞＋主語？**〉で表します。

"When is your birthday?" "It's August 1st."
（「あなたの誕生日はいつですか。」「8月1日です。」）

「いつ…します〔しました〕か」とたずねる場合は，〈**When＋do〔does, did〕＋主語＋動詞〜？**〉で表します。

くわしく

Where や How, When, Why などは，‘場所’や‘時’などを表す副詞についてたずねる疑問詞なので，疑問副詞と呼ばれる。

‘場所’を表す前置詞（p.132）

次に確認！

🔍 Point

1 疑問詞 Where は「どこ」（'場所'）をたずねる

2 疑問詞 When は「いつ」（'時'）をたずねる

3 疑問詞 Why は「なぜ」（'理由'）をたずねる

"When does your father run in the park?"

"He runs in the morning."
（「あなたのお父さんはいつ公園を走るのですか。」
「午前中に走ります。」）

📄 '時'を表す前置詞（p.130）

Point 3　Why は「なぜ」をたずねる

「なぜ」と**'理由'**をたずねる時には，**Why** を使います。Why を使った疑問文に対しては，接続詞 **because** のあとに〈主語＋動詞〉を続けて，「なぜなら…だからです」と答えるのが一般的です。

"Why is Yui absent today?" "Because she has a cold."
（「ユイはなぜ今日休んでいるのですか。」
「かぜを引いているからです。」）

📄 because（p.124）

くわしく
理由を聞かれて「…するためです」と'目的'を答える場合は〈to＋動詞の原形〉を使うことができる。（p.173）

Unit
3
疑問詞

Z会
質問コーナー　**Q** 疑問詞を使った疑問文への答え方がわかりません。
　　　　　　　A 質問文と同じ時制・文型を意識しましょう。

・質問文と同じ時制，文型を使う
・繰り返しを避けるために代名詞などを使う　この2つがポイントです。
例えば When did you go to Kyoto?（いつ京都に行きましたか。）と聞かれたら，過去形を使って答えます。to Kyotoは繰り返しを避けるためにthere（そこに）が使えますね。よって答えは I went there two weeks ago.（2週間前に行きました。）となります。

まずは音読！

How much is this candy?
It's 100 yen.

ショウタ：このキャンディーはいくらするの？
アヤ　　：それは 100 円よ。

Point 1　How を単独で使う場合

How は，「どうやって」という '**方法・手段**' や 「どのような」という '**様子・状態**' をたずねる時に使います。

'**手段**' をたずねる

"How does Keiko go to school?" "She goes by bus."
(「ケイコはどうやって学校へ通っていますか。」
「バスで通っています。」)

'**方法**' をたずねる

"How can I get to Umeda Station?"

"Turn right at the second corner and keep straight on."
(「梅田駅にはどうやって行ったらいいのですか。」
「2番目の角を右に曲がって，まっすぐ行ってください。」)

'**状態**' をたずねる

"How is the weather in Hokkaido?"

"It's snowing hard."
(「北海道の天気はどうですか。」「大雪です。」)

また，How are you (doing)? （お元気ですか）も相手の '様子' をたずねるあいさつ表現です。

"How is your father?" "He's fine, thank you."
(「お父さんはお元気ですか。」「彼は元気です，ありがとう。」)

'手段' を表す前置詞 (p.134)

くわしく
How is はよく短縮形が用いられる。
How's the weather?
（天気はどうですか。）

Point

1 疑問詞 How を単独で使う場合
「どうやって」（'方法・手段'）
「どのような」（'様子・状態'）

2 〈How＋形容詞〔副詞〕〉は「どれくらい」（'程度'）
をたずねる

Point 2 〈How＋形容詞〔副詞〕〉は'程度'をたずねる

How には，〈**How＋形容詞**〉や〈**How＋副詞**〉の形で「どれくらい」と'**程度**'をたずねる用法もあります。いろいろな表現があるので，いくつか紹介します。

(金額)
"How much is this bag?" "It's three thousand yen."
（「このかばんはいくらですか。」「3,000 円です。」）

(年齢)
"How old are you?" "I'm fifteen (years old)."
（「あなたは何歳ですか。」「15 歳です。」）

(頻度)
"How often do you play tennis?"

"Three times a week."
（「どのくらいテニスをしていますか。」「週に 3 回です。」）

(長さ)
"How long is the flight?" "About eight hours (long)."
（「飛行時間はどれくらいですか。」「約 8 時間です。」）

また，**How many ～？**や**How much ～？**で「どのくらいの数〔量〕の～」という意味を表します。

"How many cats do you have?" "I have two."
（「ネコを何匹飼っていますか。」「2 匹飼っています。」）

"How much water should I put in the bowl?"

"Two cups (of water)."
（「どれくらいの水をボウルに入れたらいいですか。」「2 杯です。」）

(くわしく)
How about ～？（～はどうですか）もよく使われる表現。
How about a cup of coffee?
（コーヒーはいかがですか。）
I like chocolates. How about you?
（私はチョコレートが好きです。あなたはどうですか。）

How many のあとには数えられる名詞の複数形。 How much のあとには数えられない名詞がくる。(p.88)

Unit
3
疑問詞

1. 次の日本文と同じ意味を表すように，英文中の空所に適当な語を入れなさい。

(1) あなたはスーパーマーケットで何を買いましたか。

（　　　　　　　）（　　　　　　　　）you（　　　　　　　）at the supermarket?

(2) その大きな箱の中には何が入っているのですか。

（　　　　　　　　）is in the big box?

(3) どちらがあなたの自転車ですか，これですか，それともあれですか。

（　　　　　　　）is your bike, this one（　　　　　　　）that one?

→16

2. 次の文の下線部をたずねる英文を書きなさい。

(1) That tall boy is <u>Michael</u>.（あの背が高い少年はマイケルです。）

_____

(2) <u>Mr. Brown</u> lives in this old house.（ブラウンさんはこの古い家に住んでいます。）

_____

(3) This watch is <u>mine</u>.（この腕時計は私のものです。）

_____

→17

3. 次の日本文と同じ意味を表すように，カッコ内の語句を並べかえなさい。

(1) 彼は何時に家を出ますか。

[does / he / home / leave / time / what] ?

_____

(2) どの電車が名古屋に行きますか。

[goes / Nagoya / to / train / which] ?

_____

(3) あなたは何の果物が好きですか。

　　[do / like / fruit / what / you] ?

_____

→18

4. 次の日本文の意味を表す英文を書きなさい。

(1) あなたのネコはどこにいますか。

_____

(2) 彼はなぜ昨日東京に行ったのですか。

_____

(3) あなたの妹はいつ英語の勉強をしますか。

_____

→19

Unit
3

疑問詞

5. 次の対話文が成り立つように，英文中の空所に適当な語を入れなさい。

(1) 「ジョンはどのようにして熊本に来ましたか。」「バスで来ました。」

　　"(　　　　　　　　) did John come to Kumamoto?"

　　"He came here by bus."

(2) 「彼はどのくらいここに滞在する予定ですか。」「2週間です。」

　　"How (　　　　　　　) is he going to stay here?"

　　"For two weeks."

(3) 「あなたは1カ月に何冊本を読みますか。」「5冊です。」

　　"(　　　　　　) (　　　　　　　　) (　　　　　　　) do you

　　read a month?"

　　"I read five books."

→20

1. (1) What ; did ; buy〔get〕

(2) What — be動詞には「いる〔ある〕」の意味もある

(3) Which ; or

2. (1) Who is that tall boy? — 「あの背が高い少年は誰ですか。」という文

(2) Who lives in this old house? — 「誰がこの古い家に住んでいますか。」という文

(3) Whose is this watch?〔Whose watch is this?〕

「この腕時計は誰のものですか〔これは誰の腕時計ですか〕。」という文

3. (1) What time does he leave home?

(2) Which train goes to Nagoya?

(3) What fruit do you like? — 〈What＋名詞〉で「何の～」をたずねる

4. (1) Where is your cat?

(2) Why did he go to Tokyo yesterday?

(3) When does your sister study English?

5. (1) How　　(2) long　　(3) How ; many ; books

Unit 4

名詞と冠詞・代名詞

数えられる名詞・数えられない名詞／冠詞

名詞の種類／冠詞の用法

まずは音読！ 自宅のキッチンにて

I'll make a cake for you and Toshi.

Great!

お母さん：あなたとトシにケーキを作ってあげるわ。
アヤ　　：やった！

Point ❶ 数えられる名詞と数えられない名詞

英語の名詞には**数えられる名詞（可算名詞）**と**数えられない名詞（不可算名詞）**があります。名詞がどちらに属するかは，それが「1つ」「2つ」と切り分けて考えられるかが判断の目安となります。

数えられる名詞には原則，単数形と複数形があります。

■名詞の複数形の作り方 — 動詞の3単現の -s のルールに似ている

ほとんどの名詞	-s をつける	book → books
-s, -o, -x, -ch, -sh で終わる名詞	-es をつける	bus → buses
〈子音字＋y〉で終わる名詞	y を i に変えて -es をつける	city → cities
-f, -fe で終わる名詞	f(e) を v に変えて -es をつける	leaf → leaves

これらの他に，**不規則に変化するもの**（child→children），**単数と複数が同じ形のもの**（fish, sheep など）があります。

数えられない名詞には**複数形は存在せず，単数であっても原則的に a〔an〕はつきません**。数えられない名詞は次の3種類に分けられます。

<くわしく>

数えられる名詞は同種類の'人'や'もの'に共通して用いられる普通名詞（book, girl など）と集合体を表す集合名詞（class, family など）に分けられる。
集合名詞は，その集合体の捉え方により単数・複数どちらの扱いにもなる。

<注意！>

〈母音字＋y〉の名詞はそのまま -s をつける（boy → boys）。

✏ 次に確認！

✎ Point

1 名詞には数えられる名詞と数えられない名詞がある
数えられない名詞には固有名詞，物質名詞，抽象名詞がある

2 「ある１つの〜」を表す冠詞 a〔an〕／特定のものに
つく冠詞 the

固有名詞	地名，人名など，特定の'人'や'もの'の名前を表す名詞 John, America, California　など
物質名詞	液体，気体など，決まった形を持たない物質を表す名詞 water, milk, sugar, air, money, paper　など
抽象名詞	感情，状態など，抽象概念を表す名詞 work, advice, love, news, information　など

　特に物質名詞は，**容器**や**単位**を使うことで一定量を表す
ことができます。

> a cup of coffee （コーヒー 1 杯）／
> a glass of juice（ジュース1杯）／a bottle of milk（牛乳1瓶）／
> a sheet〔piece〕of paper （紙 1 枚）

Point **2**　冠詞 a〔an〕／ the

　冠詞には不特定の数えられる名詞の単数形につく **a〔an〕**
と，自分と相手がお互いに何を指しているかわかっている
際に使われる **the** があります。the は単数のみではなく複
数の名詞や，数えられない名詞にもつけられます。

I saw a movie. The movie was interesting.
（私は（ある）映画を見ました。その映画はおもしろかったです。）

なお，冠詞は次のような決まった表現でも使われます。

〈play the＋楽器の名前〉

Jun often plays the piano.（ジュンはよくピアノを弾きます。）

I get up early in the morning. （私は朝早起きします。）

注意！
2 つ以上の数を表す際
には，単位の部分を複
数形にする。
two cups of coffee
（コーヒー 2 杯）

📖 冠詞とは（p.27）

くわしく
a〔an〕を不定冠詞，
the を定冠詞という。

注意！
冠詞に続く名詞が母
音で始まる場合は a
ではなく an を使い，
the は [ðə ザ] ではな
く [ði ズィ] と発音す
る。

Unit
4
名詞と冠詞・代名詞

22 This 〔That〕is ～.
「これは〔あれは〕～だ」

まずは音読！

> What cake do you want?
> I like this cake! The cake with strawberries!

お母さん：どんなケーキがいいかしら。
アヤ　　：私このケーキがいいわ！　いちごがのったケーキ。

Point ❶ this ／ that の用法

　this や that は‘もの’や‘人’を指す代名詞です。身近にあるものを指して，「これは～だ」という際は **This is ～.** を，離れたところにあるものを指して，「あれは～だ」という際は **That is ～.** を使います。

> This is my favorite cake.
> ((手元のケーキを指して) これは私のお気に入りのケーキです。)
>
> That is our school.
> ((向こうの学校を指して) あれは私たちの学校です。)

　this ／ that は，単独で主語や目的語などになることもできますし，**「この～」「あの～」** の意味の**形容詞**として名詞の前に置いて使うこともできます。

> I like this picture very much.(私はこの絵がとても好きです。)
> That building is old. (あの建物は古いです。)

　なお，this と that の複数形はそれぞれ **these**，**those** となります。単数の場合と同様に単独でも形容詞としても使うことができます。

> These are my father's books. (これらは私の父の本です。)
>
> Those students are from Australia.
> (あの生徒たちはオーストラリアからやって来ました。)

くわしく
このような代名詞を指示代名詞という。

✐ 次に確認！

🔍 Point

1 this は身近にあるものを指し，that は離れたところにあるものを指す

This is 〜. （これは〜だ。）

That is 〜. （あれは〜だ。）

this ／ that は一度話題にしたら，二度目からは基本的に this ／ that と繰り返さずに **it** を使う点に注意しましょう。複数形の these ／ those でも同様に，二度目からは **they** が使われるのが一般的です。

［単数の場合は it］

I like **this picture** very much. It is beautiful.
（私はこの絵がとても好きです。それは美しいです。）

［複数の場合は they］

"Are **those students** from Australia?" "Yes, they are."
（「あの生徒たちはオーストラリアからやって来たのですか。」「はい，そうです。」）

また，this は人を紹介する時や，電話で **「こちらは〜です」** という意味で使われることもあります。

This is Mr. Baker. He is my friend.
（（相手に紹介して）こちらがベイカーさんです。彼は私の友人です。）

Hello, this is Erica speaking.
（（電話で）もしもし，エリカです。）

this is 〜 speaking は電話でよく使われる表現だが，speaking はしばしば省略される。

Unit
4

名詞と冠詞・代名詞

まずは音読！

How long will it take to bake the cake?

It will take about half an hour.

アヤ ：ケーキを焼くのにどのくらい時間がかかるかしら。
お母さん：だいたい 30 分くらいかかると思うわ。

Point ❶ it の特別用法

代名詞 it は単数の名詞を受けて「それ」という意味を表しますが，**'天候・明暗' ／ '時間・日時' ／ '距離'** などを表す文の主語としても使われます。どの場合も，**「それ」とは訳さない**ので注意しましょう。

It rained yesterday.（昨日雨が降りました。）

I must go home before it gets dark.
（暗くなる前に家に帰らなくてはいけません。）

"What time is it?" "It's five thirty."
（「今何時ですか。」「5 時半です。」）

It is two kilometers from my house to the station.
（私の家から駅までは 2 キロあります。）

> **くわしく**
> 主語を it にした '時間' を表す表現では，動詞 take がしばしば使われ「（時間）がかかる」という意味になる。
> It takes six hours to get to the country.
> （その国に行くのに 6 時間かかります。）

Point ❷ '一般の人'を表す we ／ you ／ they

we ／ you ／ they は使われる文脈により，特定の人々を指すというよりも**「広く世間一般の人々」**を表すことがあります。

>
> **注意！**
> we は「自分自身を含む一般の人々」，you は「相手を含む一般の人々」，they は「自分自身・相手を含まない一般の人々」を指す。

次に確認！

Point

1 代名詞 it は‘天候・明暗’／‘時間・日時’／‘距離’
を表す文の主語として使われる

2 代名詞 we ／ you ／ they は‘一般の人’を指す

3 some「いくつか」「いくらか」
疑問文・否定文ではふつう some ではなく any を用いる

We had a lot of rain this year.
（今年はたくさんの雨が降りました。）

You should be kind to your friends.
（友達に親切にしたほうがいいですよ。）

They speak French in Paris.
（パリではフランス語が話されています。）

はっきりと日本語
に訳さないほうが
意味が自然なこと
もあるね

Point 3 some ／ any の用法

<u>不定代名詞</u>とは，不特定の‘人’や‘もの’などを指す
代名詞のことをいいます。some は「いくつか」「いくらか」
の意味で，ばくぜんとした数量を表します。

I met some of my friends today.
（私は今日何人かの友達に会いました。）

some of ～の形は数えられる名詞・数えられない名詞
どちらも続けることができます。

また，some はふつう疑問文や否定文ではあまり使われ
ず，代わりに **any** が使われます。否定文では「**1つも～
ない**」の意味になります。

I don't remember any of the movies.
（私はその映画を1つも覚えていません。）

🖐 形容詞の some
／ any（p.106）

Unit
4

名詞と冠詞・代名詞

〈some of ＋数えられ
る名詞の複数形〉は複
数扱い，〈some of ＋
数えられない名詞〉は
単数扱い。

24 不定代名詞②

one / all / each / both / either / another / the other

まずは音読！ 30分後…

Put all of the strawberries on the cake.

Sure.

お母さん：ケーキの上にいちごを全部のせてちょうだい。
アヤ　　：わかったわ。

Point ❶ 代表的な不定代名詞

one は前に出てきた名詞と同じ種類のものを指します。名詞が複数の場合は ones となります。

I lost my **pen**. Would you lend me one?
（私はペンをなくしてしまいました。1本貸してもらえませんか。）

I like red **roses** better than white ones.
（私は白いバラより赤いバラのほうが好きです。）

all と each はともに「グループの全体を指す」ニュアンスを持ちますが，**all** は **「すべて」** の意味で，all of ～には数えられる名詞の複数形，または数えられない名詞が続きます。それに対し，**each** は個々の要素を指して **「それぞれ」** の意味になり，each of ～の形は常に単数扱いになります。

数えられる名詞の複数形の時は複数扱い

All of **the flowers** are pretty.（その花はみな美しいです。）

数えられない名詞の時は単数扱い

All of **the furniture** is expensive in this store.
（この店では家具はすべて高いです。）

Each of the students is working hard.
（生徒たちはそれぞれ一生懸命勉強しています。）

all／each には形容詞としての用法もある。
<u>All</u> the flowers are pretty.
<u>Each</u> student is working hard.

94

次に確認！

Point

1 代表的な不定代名詞
one（すでに出た名詞と同じ種類のものを指す）
all「すべて」／ each「それぞれ」
both「両方とも」／ either「（2つのうち）どちらか」
another「もう1つ別のもの」
the other「（2つのうちの）もう一方」

---

　both と either はどちらも「2つのもの」について述べる不定代名詞です。**both** は **「両方とも」** という意味で，常に複数扱いになります。一方，**either** は **「（2つのうち）どちらか」** という場合に使われ，常に単数扱いされます。

I like both of the shirts.（私はどちらのシャツも好きです。）

Do you know either of the men over there?
（あそこにいる男の人のうちどちらかを知っていますか。）

　another は，「他の」の意味の other に冠詞がついた an other からできた語で，不特定の **「もう1つ別のもの〔人〕」** の意味を表します。

This cup is too small. Would you show me another?
（このカップは小さすぎます。別のものを見せてもらえませんか。）

　同じく other をもとにした表現の **the other** は **「（2つのうちの）もう一方」** を指す場合に用います。

She has two pets. One is a cat, and the other is a dog.
（彼女はペットを2匹飼っています。1匹はネコ，もう1匹は犬です。）

くわしく

either は否定文で用いられると「どちら（の〜）も（…ない）」の意味になる。

 注意！

one ○　another ●

○ ● ← the other
↑ one

one → ○ ● ● ●
　　　 the others
「（3つ以上の中で）残りすべて」

Unit
4
名詞と冠詞・代名詞

所有代名詞／再帰代名詞

「～のもの」／「～自身」

The cake is ready! It's mine!

The cake is for you and Toshi.

アヤ　　：ケーキができあがったわ！　私のケーキよ！
お母さん：そのケーキはあなたとトシのものよ。

Point❶ 所有代名詞の用法

　人称代名詞には‘所有’を表す所有格があることを学習しました。所有格の人称代名詞は my book のように代名詞の後ろに名詞が続きますが，この他に代名詞１語で**「～のもの」**という意味を表すものがあります。このような代名詞を**所有代名詞**といいます。所有代名詞は名詞の繰り返しを避ける際にも使われ，指す名詞が単数・複数どちらでも形は変わりません。

This is her bag.（これは彼女のかばんです。）

This bag is hers.（このかばんは彼女のものです。）

"Whose pencil is this?" "It's mine."
（「これは誰の鉛筆ですか。」「私のものです。」）

Whose の疑問文の
応答にも使われる

📖 代名詞の所有格
（p.28）

📖 Whose を用いた
疑問文（p.77）

■人称代名詞の所有格と所有代名詞

		所有格	所有代名詞
単数	**1人称**	my	mine（私のもの）
	2人称	your	yours（あなたのもの）
	3人称	his	his（彼のもの）
		her	hers（彼女のもの）
		its	―　※ it には所有代名詞はありません。
複数	**1人称**	our	ours（私たちのもの）
	2人称	your	yours（あなたたちのもの）
	3人称	their	theirs（彼ら〔彼女たち〕のもの）

✎ 次に確認！

Point

1 所有代名詞は「〜のもの」の意味を表す
1語で〈人称代名詞＋名詞〉の意味

2 再帰代名詞は「〜自身」の意味を表す
人称代名詞の所有格や目的格に -self〔-selves〕をつける

Point 2 再帰代名詞の用法

　動詞の目的語などが文の主語と同じ人・ものの時には**再帰代名詞**を用います。再帰代名詞は，人称代名詞の所有格や目的格に -self〔-selves〕をつけた形で「**〜自身**」という意味を表します。

辞書などでは代表して oneself と示されているよ

She introduced herself at the party.
（彼女はパーティーで彼女自身を紹介しました〔自己紹介をしました〕。）

　また，再帰代名詞は主語などを強めるために用いられることがあります。このような場合，ふつう再帰代名詞は強調される語のすぐ後ろに置かれます。

I myself will take this letter to her.
（私自身がこの手紙を彼女に持っていきます。）

Unit
4

名詞と冠詞・代名詞

■再帰代名詞

	単数	複数
1人称	myself（私自身）	ourselves（私たち自身）
2人称	yourself（あなた自身）	yourselves（あなたたち自身）
3人称	himself（彼自身） herself（彼女自身） itself（それ自身）	themselves （彼ら〔彼女たち，それら〕自身）

1. 次の日本文と同じ意味を表すように，英文中の空所に適当な語を入れなさい。

(1) ジョーンズさんは日本でたくさんの都市（city）を訪問しました。

Mr. Jones visited （　　　　　）（　　　　　　　） in Japan.

(2) 私は朝食前に水を1杯飲みます。

I drink a （　　　　　） of （　　　　　　） before breakfast.

(3) 私は金曜日にギターを弾きます。

I （　　　　　）（　　　　　　　）（　　　　　　　） on Friday.

→21

2. 次の英文中のカッコの中から適当なものを選び，○で囲みなさい。

(1) 私はこれらの曲が大好きです。

I like （this ; that ; these ; it） songs very much.

(2) 誰があの美しい絵を描いたのですか。

Who painted （this ; that ; those ; their） beautiful pictures?

(3) 母は今朝このケーキを焼きました。

My mother baked （this ; that ; these ; her） cake this morning.

→22

3. 次の日本文と同じ意味を表すように，英文中の空所に適当な語を入れなさい。

(1) 「ロンドンは何時ですか。」「午前5時です。」

"What time （　　　　　）（　　　　　　　） in London?"

"（　　　　　　） five in the morning."

(2) 「新潟ではたくさん雪が降りますか。」

「はい，降ります。冬はとても寒いです。」

"Do （　　　　　）（　　　　　　　） a lot of snow in Niigata?"

"Yes, we do. （　　　　　　） very cold in winter."

(3) バスの窓から阿蘇山が見えます。

（　　　　　　　）（　　　　　　　　　　　） see Mt. Aso from the bus

window.

(4) 私はそれらの本を 1 冊も買いませんでした。

I didn't buy （　　　　　　　　）（　　　　　　　　　　） those books.

→23

4. 次の英文中のカッコの中から適当なものを選び，○で囲みなさい。

(1) 私の家族は 2 台自動車を持っていて，1 台が白色でもう 1 台は赤色です。

My family has two cars: one is white and （another ; other ;
the other ; the others） is red.

(2) 彼らのうちの 1 人は 4 月に東京から大阪へ引っ越す予定です。

（One ; Both ; Many ; Some） of them （are ; is） going to move
from Tokyo to Osaka in April.

(3) 私たち全員が真実を知っています。

（All ; Both ; Either ; Many） of us （know ; knows） the truth.

→24

5. 次の日本文と同じ意味を表すように，英文中の空所に適当な語を入れなさい。

(1) 「これは誰のコンピューターですか。」「私たちのものです。」

"Whose computer is this?" "It's （　　　　　　　　　）."

(2) 彼女は鏡の中の彼女自身を見ました。

She looked at （　　　　　　　　） in the mirror.

(3) 私は私自身でこの家を建てました。

I （　　　　　　　）（　　　　　　　　　） this house.

→25

Unit
4

名詞と冠詞・代名詞

確認問題　解答 Unit **4** (21~25)

1. (1) many ; cities　　　　　　(2) glass ; water
　　(3) play ; the ; guitar ⟨〈play the＋楽器名〉で「〜を演奏する」⟩

2. (1) these
　　(2) those ⟨後ろが複数形の名詞になっている点に注意⟩
　　(3) this

3. (1) is ; it ; It's ⟨'時間' を表す it⟩　　(2) you ; have ; It's ⟨'気候' を表す it⟩
　　(3) We〔You〕; can ⟨'一般の人々' を表す代名詞⟩
　　(4) any ; of ⟨否定文で any を使うと「1つも〜ない」⟩

4. (1) the other ⟨2つのものについて「1つは〜，もう1つは…」の意味になる⟩
　　(2) One ; is ⟨単数扱い⟩　　(3) All ; know

5. (1) ours
　　(2) herself ⟨主語と目的語が同じなので再帰代名詞を用いる⟩
　　(3) myself built ⟨強調のために使われる再帰代名詞⟩

100

Unit

5

形容詞と副詞

まずは音読！ シンがアヤのテストを採点しています

> ## The test was very difficult.
> ## Yeah. I studied hard.

シン：テストはとても難しかったね。
アヤ：そうね。私は一生懸命勉強したのよ。

Point 1 形容詞と副詞の区別

形容詞と副詞で混乱してしまう人もいるかもしれません。ここで一度，形容詞と副詞について整理しておきましょう。**形容詞は名詞を修飾**し，**副詞は名詞以外を修飾**します。「修飾」とは，説明を加えることです。この区別をまずおさえておきましょう。

difficult を強めている　　The test を修飾している
The test was **very difficult**.
（そのテストはとても難しかったです。）

difficult は主語の The test という名詞について説明しているので，形容詞です。very はその difficult という形容詞の意味をさらに強めるはたらきをしています。名詞以外を修飾しているので，very は副詞です。

studied を修飾
I studied **hard**.（私は一生懸命勉強しました。）

この例文の hard は，studied という動詞を修飾しているので，副詞だとわかりますね。

　形容詞と副詞
　　　　　（p.29 ～ 30）

くわしく
形容詞にも副詞にもなる語もあるので，何を修飾しているかでどちらか判断しよう。
I got up early.
（私は早く起きました。）
→ early は副詞
I took an early train.
（私は朝早い電車に乗りました。）
→ early は形容詞

確認問題 p.112

次に確認！

Point

1　形容詞と副詞の区別
形容詞は名詞を修飾する
副詞は名詞以外（動詞，形容詞，他の副詞など）を修飾する

2　形容詞と副詞の位置
形容詞：名詞の前，または be 動詞などのあとに置く
副詞　：原則，動詞よりあと，形容詞・副詞より前に置く

Point 2　形容詞と副詞の位置

　今度は，形容詞と副詞は文中のどの位置から修飾するのかをおさえましょう。形容詞は**名詞の前**，あるいは **be 動詞の後ろ**から修飾します。前から修飾する場合，形容詞が複数続くこともあります。

flowers を前から修飾

Look at the **beautiful red** flowers.

（そのきれいな赤い花を見て下さい。）

　形容詞が名詞を後ろから修飾する場合，be 動詞など，「A（主語）＝B（補語）」という関係を表す動詞のあとに続きます。

flowers を後ろから修飾

The flowers were **beautiful**.（その花はきれいでした。）
be 動詞

　副詞はふつう，**動詞を修飾する場合は後ろ**から，**形容詞や副詞を修飾する場合は前から**修飾します。

recently を前から修飾　　　closed を後ろから修飾

That supermarket closed **quite recently**.

（あのスーパーマーケットは，つい最近閉店しました。）

くわしく
語尾の形で形容詞とわかるものもある。
① -ous で終わる（famous, serious）
② -ful で終わる（careful, wonderful）
③ -ive で終わる（active, expensive）
など

Unit 5 形容詞と副詞

注意！
'頻度'を表す副詞は動詞を前から修飾する。(p.109)

103

まずは音読！

> You made a few mistakes.

> Uh-oh.

シン：君はいくつかミスをしたね。
アヤ：あーあ。

Point ❶ 「たくさんある」ことを表す形容詞

　英語は‘数’にこだわる言語なので，数量を表す形容詞の使い方にも注意が必要です。**「たくさんある」**ことを表す場合，その名詞が数えられるか数えられないかで使う形容詞が違ってきます。

　数えられる名詞の場合は **many**，数えられない名詞の場合は **much** を使います。**a lot of** は数えられる名詞にも数えられない名詞にも使うことができます。

数えられる名詞（複数形）
Many birds come to this lake in winter.
（冬にはたくさんの鳥がこの湖にやってきます。）

数えられない名詞
Does he put much sugar in his coffee?
（彼はコーヒーにたくさん砂糖を入れますか。）

数えられる名詞（複数形）
My father has a lot of books.
（私の父はたくさんの本を持っています。）

数えられない名詞
We use a lot of water every day.
（私たちは毎日たくさんの水を使います。）

📖 数えられる名詞・
数えられない名詞
（p.88）

くわしく
a lot of と同じ表現として，lots of, plenty of という言い方もある。lots of は a lot of よりもくだけた表現で，a lot of よりも「たくさん」というイメージ。

くわしく
many や much は否定文で使うと「あまり(…ない)」という意味になる。
He does not have many books.
（彼はあまり本を持っていません。）
I don't have much free time.
（私はあまりひまな時間がありません。）

次に確認！

Point

1　「たくさんある」ことを表す形容詞
many ／ much ／ a lot of

2　「少しある」「ほとんどない」ことを表す形容詞
a few ／ a little（少しある）
few ／ little（少ししかない，ほとんどない）

Point 2　「少しある」「ほとんどない」ことを表す形容詞

「少しある」ことを表す場合，**a few** や **a little** を使います。a few は数えられる名詞に，a little は数えられない名詞に使います。

〔数えられる名詞〕
You made a few mistakes.
（あなたはいくつか〔少し〕ミスをしました。）

〔数えられない名詞〕
There was a little milk in the glass.
（グラスに少し牛乳がありました。）

一方，「少ししかない」「ほとんどない」ことを表す場合は，**few** や **little** を使います。a がつくかつかないかで意味が変わるので，気をつけましょう。

〔数えられる名詞〕
Few students in this class can play the violin.
（このクラスでバイオリンを弾くことができる生徒はほとんどいません。）

〔数えられない名詞〕
Jun had little money then.
（ジュンはその時ほとんどお金を持っていませんでした。）

注意！
意味の違いに気をつけよう。
You made a few mistakes.
（あなたはいくつかミスをしました。）
You made few mistakes.
（あなたはほとんどミスをしませんでした。）
few の場合も名詞は複数形になる。

Unit **5** 形容詞と副詞

105

28 '数' や '量' を表す形容詞②
some／any

まずは音読！

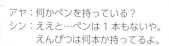

Do you have any pens?
Well ... I don't have any pens.
I have some pencils.

アヤ：何かペンを持っている？
シン：ええと…ペンは1本もないや。
　　　えんぴつは何本か持ってるよ。

Point 1 some はばくぜんとした '数' や '量' を表す

some は「いくらかの」という意味の形容詞で，ばくぜんとした '数' や '量' を表します。some は数えられる名詞にも数えられない名詞にも使うことができます。

> 数えられる名詞

I have some **pencils**. （私はえんぴつを何本か持っています。）

> 数えられない名詞

I want some **juice**. （私はジュースが（少し）欲しいです。）

some と名詞の間に他の形容詞が入ることもあります。

I found some interesting **books**.
（私はおもしろい本を何冊か見つけました。）

また，some は単独で使うこともできます。この場合の some は代名詞の役割をします。

"Do you need pens?" "Yes, I need some."
（「ペンは必要ですか。」「はい，何本か必要です。」）

注意！

some が表す数量はばくぜんとしているので，日本語に訳さないことも多い。
I'm going to buy some flowers.
（私は花を買うつもりです。）

代名詞の some
（p.93）

Point 2 疑問文ではふつう any を使う

some はあまり疑問文で使うことはありません。疑問文で「いくらか」という意味を表したい場合は，**any** を使います。any も，数えられる名詞と数えられない名詞どちらにも使うことができます。

✎ 次に確認！

🔍 Point

1 some はばくぜんとした '数' や '量' を表す

2 疑問文ではふつう any を使う

3 any を否定文で使うと「1つも〜ない」の意味を表す

〈数えられる名詞〉

Do you have any pens?（ペンを持っていますか。）

〈数えられない名詞〉

Can you give me any advice?
（何かアドバイスをいただけますか。）

Point **3** 否定文の any の意味

some は否定文でもあまり使われません。any が否定文
で使われると，**「1つも〜ない」**という意味を表します。

I don't have any pens.（私はペンを1本も持っていません。）

He didn't have any money then.
（彼はその時お金をまったく持っていませんでした。）

くわしく

相手が yes と答える
ことを想定して，疑問
文で some を使うこ
とがある。
"Would you like
some cookies?"
"Yes, thank you."
（「クッキーはいかがで
すか。」「はい，ありが
とうございます。」）

くわしく

「あまりない」という
場合は not 〜 many
で使う。(p.104)

Unit
5

形容詞と副詞

Z会
質問コーナー

Q some と any どちらを使うか迷ってしまいます。

A some は肯定文，any は疑問文と否定文，と覚えましょう。

基本的には some は肯定文でしか使わない，と覚えておきましょう。
I bought some CDs.（私は何枚か CD を買いました。）
Did you buy any CDs?（あなたは CD を買いましたか。）
I didn't buy any CDs.（私は CD を1枚も買いませんでした。）
数えられる名詞の場合は，any を使う時でも複数形にします。間違いやすいので気を
つけましょう。

29 いろいろな副詞①

'時'・'場所'・'頻度'を表す副詞

今度はアヤがシンのテストを採点する番です

> I usually study math after dinner.

> Great.

シン：僕はふだん夕食のあとに数学を勉強するんだ。
アヤ：すごいね。

副詞は名詞以外を修飾します。複数の語が集まって1つの副詞のようなはたらきをする場合もあります。このようなまとまりを**句**といい，副詞のはたらきをする句は**副詞句**といいます。ここで，副詞の種類を整理しましょう。

くわしく

名詞のはたらきをする句は名詞句，形容詞のはたらきをする句は形容詞句という。

副詞の種類	副詞（句）の例
'時' を表す副詞	now（今），today（今日），for an hour（1時間）
'場所' を表す副詞	here（ここに），there（そこに）
'頻度' を表す副詞	always（いつも），sometimes（時々）
'程度' を表す副詞	very（とても），much（たいへん）
'様子' を表す副詞	well（上手に），carefully（慎重に）
その他の副詞	only（〜だけ），too（〜も），either（〜も（…ない））

'頻度' とは「あることがくり返される度合い」のことだよ

Point 1 '時' を表す副詞

<u>**'時'**</u> を表す副詞（句）はふつう**文の終わり**に置きます。

I met Tom yesterday.（私は昨日，トムに会いました。）

I'll visit Osaka next week.（私は来週，大阪に行きます。）

The shop opens at nine o'clock.（その店は9時に開きます。）

Point 2 '場所' を表す副詞

<u>**'場所'**</u>を表す副詞（句）も，ふつう**文の終わり**に置きます。

Please put the dishes there.（お皿をそこへ置いてください。）

We had lunch in the park.（私たちは公園でお昼を食べました。）

'時' を表す前置詞（p.130）

次に確認！

🔍 Point

１ **‘時’を表す副詞**
now（今），today（今日）など

２ **‘場所’を表す副詞**
here（ここに），there（そこに）など

３ **‘頻度’を表す副詞**
sometimes（時々），usually（ふだん）など

Point 3 **‘頻度’を表す副詞**

　‘頻度’を表す副詞は，<u>一般動詞の前，be 動詞の後ろ</u>に置きます。

He always goes to school by bus.
（彼はいつもバスで登校します。）

My father is sometimes strict.（私の父は時々厳しいです。）

■ ‘頻度’を表す副詞

always	いつも
usually	ふだん
often	しばしば
sometimes	時々
hardly	めったに（ない）
never	まったくない

100%
高
頻度
低
0%

主語が3人称単数の場合，一般動詞に3単現の -s をつけるのを忘れないように！
× He always <u>go</u> to school by bus.

副詞はふつう動詞を後ろから修飾するが，‘頻度’を表す副詞は動詞を前から修飾する。
I <u>always</u> read the newspaper before breakfast.
（私はいつも朝食の前に新聞を読みます。）

Unit
5
形容詞と副詞

Z会
質問コーナー **Q** 副詞を置く位置で迷ってしまいます。
A <u>‘様子’ → ‘場所’ → ‘時’</u>を基本にしましょう。

　‘頻度’を表す副詞は，一般動詞の前，be 動詞の後ろに置きます。形容詞や副詞を修飾する副詞は，修飾する語（句）の直前に置きます。それ以外の副詞は‘様子’→‘場所’→‘時’の順番にしましょう。
Mr. Smith <u>often</u> walks <u>slowly</u> <u>around the lake</u> <u>in the morning</u>.
（スミスさんはよく朝に湖の周りをゆっくり歩きます。）

30 いろいろな副詞②

'程度'・'様子'を表す副詞／ only・even ／ too・either

まずは音読！ アヤから戻ったテストを見て…

> I don't like math.
>
> I don't like math, either.

シン：僕は数学が好きじゃないよ。
アヤ：私も数学は好きじゃないわ。

Point ❶ '程度'・'様子'を表す副詞

'**程度**'を表す副詞はふつう，**修飾したい語の前**に置きます。

The soup was very hot. (そのスープはとても熱かったです。)

動詞に対して「とても」と'程度'を表す場合は，後ろに very much をつけます。

Kana likes sweets very much.
(カナは甘いものが大好きです。)

一方，「どのように」という'**様子**'を表す副詞はふつう，修飾したい語を**後ろから**修飾します。

Ms. White can speak Japanese well.
(ホワイトさんは日本語を上手に話すことができます。)

She wrote her name carefully.
(彼女は慎重に自分の名前を書きました。)

Point ❷ only ／ even は名詞や代名詞も修飾する

副詞は名詞以外を修飾する，と説明しましたが，実は例外があります。それが **only (〜だけ)** や **even (〜でさえ)** です。これらは名詞や代名詞を修飾することもできます。

Even a child can do it.
(子供でもそのくらいのことはできます。)

くわしく

日常会話では「とても」という意味で so をよく使う。
Bob is so cool.
(ボブはすごくかっこいいですね。)

くわしく

too は形容詞や副詞の前に置くと「〜すぎる」という'程度'を表す。
This T-shirt is too small for me.
(この T シャツは私には小さすぎます。)

Point

１ ‘程度’・‘様子’を表す副詞
very（とても），well（上手に）など

２ only ／ even は名詞や代名詞も修飾する

３ too「〜もまた」／ either「〜もまた（…ない）」

He had only 10 dollars.
（彼はたった10ドルしか持っていませんでした。）

Point 3　too「〜もまた」／ either「〜もまた（…ない）」

too は肯定文や疑問文で「〜もまた」，**either** は否定文で「〜もまた（…ない）」という意味を表します。

He has a dog, and a snake, too.
（彼は犬と，それにヘビも飼っています。）

We're going to visit him. Would you like to come, too?
（私たちは彼のところに行くつもりです。あなたも来ますか。）

Tom can't drive a car, and John can't drive, either.
（トムは車を運転できないし，ジョンも運転できません。）

too や either を使って，相手の発言について「私も同じです」と言うことができます。too は相手の発言が肯定文の時に，either は相手の発言が否定文の時に使います。

【肯定文】
"I'm sleepy." "I'm sleepy, **too**."
（「私は眠いです。」「私も眠いです。」）

【否定文】
"I don't like math." "I don't like math, **either**."
（「私は数学が好きではありません。」
「私も数学が好きではありません。」）

くわしく
also も「〜もまた」という意味を表し，基本的には肯定文で使われる。
We went to Kyoto, and also went to Kobe.
（私たちは京都に行き，また神戸にも行きました。）

くわしく
会話表現では相手の発言（肯定文）に対して「私もです」という場合，Me, too. ということもある。
"I'm sleepy." "Me, too."

Unit **5** 形容詞と副詞

111

1. 次の英文中のカッコの中から適当なものを選び，○で囲みなさい。

(1) 私の姉はテニスがとても上手です。

My sister plays tennis very (good ; much ; well).

(2) ゆっくり歩いてくれませんか。

Will you walk (slow ; slowly) ?

(3) その老人は家族と一緒にいて幸せでした。

The old man was (happy ; happily) with his family.

→26

2. 次の日本文と同じ意味を表すように，英文中の空所に適当な語を入れなさい。

(1) 6月にはたくさんの雨が降ります。

We have a (　　　　　　　) (　　　　　　　　　) rain in June.

(2) 彼は試験でほとんど間違えませんでした。

He made (　　　　　　　　) mistakes on the exam.

(3) 昨日はひまな時間が少しだけありました。

I had (　　　　　　　) (　　　　　　　　　) free time yesterday.

(4) ミホは世界中にたくさんの友だちがいます。

Miho has (　　　　　　　　) friends all over the world.

→27

3. 次の英文中のカッコの中から適当なものを選び，○で囲みなさい。

(1) このあたりでおいしいレストランをどこか知っていますか。

Do you know (some ; any) good restaurants around here?

(2) 私は時々夕食後にアイスクリームを食べます。

I sometimes have (a few ; any ; some) ice cream after dinner.

(3) ジルはカバンの中にペンを1本も持っていません。

Jill doesn't have (some ; any ; no ; little) pens in her bag.

→28

112

4. 次の日本文と同じ意味を表すように，カッコ内の語句を並べかえなさい。

(1) 明日ここへ来ていただけますか。

Will [come / tomorrow / you / here]?

Will _____?

(2) ボブはたいていこの机を使います。

Bob [desk / uses / this / usually].

Bob _____.

(3) 彼女はいつも仕事でとても忙しい。

[always / busy / is / she / very] at work.

_____ at work.

(4) ユウタはよく放課後にサッカーをします。

Yuta [soccer / often / plays /after school].

Yuta _____.

→29

5. 次の日本文と同じ意味を表すように，英文中の空所に適当な語を入れなさい。

(1) 私の祖母は花が大好きです。

My grandmother likes flowers (　　　　　　)(　　　　　　).

(2) 彼はそのパーティーに行きません。彼の妻も行かないでしょう。

He won't go to the party, and his wife won't go,(　　　　　　).

(3) 「私はこの映画が大好きです。」「私も好きです。」

"I love this movie." "I love it, (　　　　　　)."

→30

Unit
5
形容詞と副詞

1. (1) well　　　　　　　　　　　　(2) slowly

(3) happy ◁ be 動詞をはさんで The old man ＝ happy の関係

2. (1) lot ; of　　　　　　　　　　(2) few

(3) a ; little ◁ time は数えられない名詞　　(4) many

3. (1) any　　　　　　　　　　　　(2) some

(3) any ◁ 前に doesn't があるので any を使う

4. (1) you come here tomorrow ◁ '場所' → '時' の順番

(2) usually uses this desk

(3) She is always very busy ◁ be 動詞の場合は always は後ろに置く

(4) often plays soccer after school

5. (1) very ; much　　　　　　　　(2) either ◁ 否定文の場合は either を使う

(3) too

Unit
6
接続詞

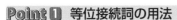 **まずは音読！** アヤの家でペットを飼うことになりました

> Do you want a dog or a cat?
>
> I want a dog,
> but Dad wants a cat.

お母さん：あなたは犬とネコのどちらが欲しいの？
アヤ　　：私は犬が欲しいの。でもお父さんはネコが欲しいのよ。

Point ❶ 等位接続詞の用法

　ここで紹介する接続詞は，**語と語**，**句と句**，**節と節**といった対等な要素をつなぐはたらきをします。このような接続詞を**等位接続詞**といいます。代表的な等位接続詞には and ／ but ／ or ／ so があります。

and「～と…」　　語と語をつなぐ（どちらも名詞）
　I ate **cookies** and **candies**.
　（私はクッキーとキャンディーを食べました。）

but「～しかし…」　語と語をつなぐ（どちらも形容詞）
　He is **rich**, but **not happy**.
　（彼はお金持ちですが，幸せではありません。）

or「～あるいは…」　句と句をつなぐ
　The key is **on the table** or **in her bag**.
　（かぎはテーブルの上か彼女のかばんの中にあります。）

so「～だから…」　節と節をつなぐ
　I was tired, so **I went to bed early**.
　（私は疲れていたので，早く寝ました。）

　and ／ but ／ or は，語と語，句と句，節と節それぞれをつなぐことができますが，so は節と節のみつなぐことができます。

 注意！
句：複数の語が集まって1つの品詞のようなはたらきをするもの
節：そのまとまりに〈主語＋動詞〉を含むもの

 注意！
and や or は3つ以上並列させて使うこともできる。その際は，〈A, B, and C〉のように最後の項目の前にのみ接続詞を置き，前の部分はコンマでつなぐ。

 Which～, A or B?
（p.75）

注意！
節と節をつなぐ場合，通例接続詞の前にコンマを置く。

次に確認！

Point

1 等位接続詞
and ／ but ／ or（対等の語・句・節をつなぐ）
so（対等の節をつなぐ）

2 等位接続詞を用いた重要表現
both A and B ／ either A or B など

Point 2 等位接続詞を用いた重要表現

both A and B「AとBのどちらも」

Both you and I are wrong. 〈複数扱いなので are〉
（あなたと私のどちらも間違っています。）

either A or B「AかBのどちらか」

I usually have breakfast with either tea or coffee.
（私はふだん紅茶かコーヒーと一緒に朝食をとります。）

not only A but also B「AだけでなくBも」

Our teacher can teach not only English but also

mathematics.
（私たちの先生は英語だけでなく数学も教えることができます。）

not A but B「AではなくB」

My sister is not a violinist but a pianist.
（私の姉はバイオリン奏者ではなくピアニストです。）

〈命令文 , and....〉「～しなさい，そうすれば…」

Hurry up, and you can catch the train.
（急ぎなさい，そうすれば電車に間に合うでしょう。）

〈命令文 , or....〉「～しなさい，そうしないと…」

Hurry up, or you will be late for the class.
（急ぎなさい，そうしないと授業に遅れてしまいます。）

くわしく

否定文にした際，both A and B は「A と B どちらも…というわけではない」という部分否定の意味に，either A or B は「A も B も…ではない」という完全な否定（全否定）の意味になる。

くわしく

either A or B や not only A but also B の形が主語になる時，動詞は B に合わせる。Either you or I am wrong.（あなたか私のどちらかが間違っています。）

📖 命令文 (p.156)

Unit
6

接続詞

32 接続詞 that

〈主語＋動詞〉を導く接続詞

まずは音読！

> I think that dogs are
> very smart animals.

アヤ：私，犬はとても賢い動物だと思うのよ。

Point ❶ 接続詞 that の用法

　接続詞 **that** の後ろには〈**主語＋動詞**〉を含む形が続き，「…ということ」という意味を表します。つまり，「文」の形をしているものを名詞の役目に変えてしまうのです。that の前にくる〈主語＋動詞〉のまとまりを**主節**といい，that 以降の節を**従節**といいます。

I know **that** he likes her.
　主節　　　　従節
〔that 以降が know の目的語になる〕
（私は彼が彼女を好きだということを知っています。）

　that が続く動詞としては，know, think, hope, hear, say, believe, find などが代表的です。

　「…ではないと思います」と否定の内容を述べる場合，否定語を主節につけるのが一般的です。また，「…だと思いますか」と疑問文にする時は主節を疑問形にします。

I don't think **that** you are right.
（あなたが正しいとは私は思いません。）
〔that の節は否定文・疑問文にしない〕

Do you know **that** she went abroad?
（彼女が海外に行ったのを知っていますか。）

くわしく
名詞のはたらきをする節を名詞節という。

くわしく
接続詞の that はしばしば省略されるが，省略されても意味は変わらない。
ただし，〈that ＋主語＋動詞〉が主語になる場合は that は省略できない。

くわしく
afraid ／ glad ／ sure などの形容詞のあとに that が続く形もある。
I'm afraid that it will rain tomorrow.
（残念ですが明日は雨が降るでしょう。）

118

次に確認！

Point

1 〈接続詞 that＋主語＋動詞〉で「…ということ」という節をつくる

2 主節と従節の間には通常 '時制の一致' が起こる

3 接続詞 that を用いた重要表現
so 〜 that ...（とても〜なので…）

Point 2 主節と従節の '時制の一致'

　従節の動詞の時制を主節のものに合わせることを **'時制の一致'** といいます。例えば，主節の動詞が過去形の場合，従節の動詞も過去形にします。従節の動詞は過去形になりますが，現在のことのように訳すのが一般的です。

I know that he likes her.
（私は彼が彼女を好きだということを知っています。）

↓

I knew that he **liked** her.
「好きだった」としない
（私は彼が彼女を好きだということを知っていました。）

I think that he will come home soon.
（彼はすぐ帰宅すると思います。）

↓

I thought that he **would** come home soon.
従節の助動詞が過去形になる
（彼はすぐ帰宅すると思いました。）

Point 3 接続詞 that を用いた重要表現

　so 〜 that ... の形で **「とても〜なので…」「…なほど〜」** という '結果' や '程度' を表します。so のあとには形容詞または副詞が続きます。

This watch is so expensive that I can't buy it.
（この腕時計はとても高価なので私は買うことができません。）

くわしく

不変的な事実や現在の習慣・事実を述べる場合は '時制の一致' は起こらない。
I learned that the earth is round.
（私は地球は丸いということを学びました。）

Unit
6
接続詞

くわしく

〈too 〜 to ＋動詞の原形〉を使って言い換えることができる。（p.184）
≒ This watch is too expensive for me to buy.

33 ‘時’を表す接続詞

when / after / before / while / until〔till〕

まずは音読！

> You have to take a dog for a walk after you get home.
> No problem.

お母さん：家に帰ったあと犬を散歩に連れて行かなきゃいけないのよ。
アヤ　　：構わないわ。

Point ❶ ‘時’を表す接続詞

　32 の that のような，2 つの節を主従の関係で結ぶ接続詞を**従位接続詞**といいます。その従位接続詞の 1 つである ‘時’ を表す代表的な接続詞を学習しましょう。

when「…する時に」

　When I was a child, I lived in Kyoto.
　（子供の時，私は京都に住んでいました。）

after「…したあとで」

　After I finished my homework, I watched TV.
　（私は宿題を終えたあと，テレビを見ました。）

before「…する前に」

　Before I go to bed, I brush my teeth.
　（私は寝る前に歯を磨きます。）

while「…する間に」

　My sister was asleep while I was making breakfast.
　（私が朝食を作っている間，妹は寝ていました。）

until〔till〕「…するまで（ずっと）」

　Tom played with his friends until it got dark.
　（トムは暗くなるまでずっと友達と遊んでいました。）

> **くわしく**
> since も ‘時’ を表す接続詞として使われる。（p.228）

> **くわしく**
> while はある程度の長さをもった ‘期間’ を指し，while に続く節の動詞は進行形にすることが多い。

次に確認！

Point

1 '時' を表す代表的な接続詞
when ／ after ／ before ／ while ／ until 〔till〕

2 '時' を表す接続詞が導く節では未来のことでも動詞を現在形にする

　これらの接続詞では，従節を主節の前にも後ろにも置くことができます。従節が主節の前に来る場合は，従節の最後にコンマを置きます。

> **When** I was a child, I lived in Kyoto.
> （子供の時，私は京都に住んでいました。）
>
> ≒ I lived in Kyoto **when** I was a child.

　なお，after ／ before ／ until は前置詞としても使われるため注意しましょう。前置詞の場合は後ろに節ではなく名詞や代名詞が続きます。

> I saw a rainbow after the rain.（雨のあと私は虹を見ました。）
>
> I will stay in Tokyo until Friday.
> （私は金曜日まで東京に滞在する予定です。）

Point 2 '時' を表す節の中の動詞

　when などに続く '時' を表す節の動詞は，未来のことでも**現在形**で表します。

> これから起こる内容でも節の中は現在形

> I **will call** you **when** I arrive at the station.
> （駅に着いた時にあなたに電話をします。）

疑問詞の when と混同しないように注意

📄 '時' を表す前置詞 (p.130)

Unit
6
接続詞

くわしく
副詞のはたらきをする節を副詞節という。

121

まずは音読！

> If I have a dog, I will take care of it every day.

—— アヤ：もし犬を飼ったら、私は毎日犬の世話をするわ。——

Point **1** ‘条件’を表す接続詞

if は **「もし…ならば」** という‘条件・仮定’を表す従位接続詞です。これまで学習した他の従位接続詞と同様、〈if ＋主語＋動詞〉の形の従節は主節の前にも後ろにも置くことができます。ただし、主節の前に来る場合はコンマが必要です。

If you need this book, I can lend it to you.

≒ I can lend this book to you **if** you need it.
（もしこの本が必要なら、それをあなたに貸すことができます。）

Point **2** ‘条件’を表す節の中の動詞

33 で、‘時’を表す節の中の動詞は未来のことでも現在時制で表すと学習しましたが、‘条件’を表す接続詞 if も同様に、if に続く節の動詞は未来のことでも**現在形**にします。

We will go on a picnic **if** it is sunny tomorrow.
（明日晴れたら、私たちはピクニックに行きます。）

> **くわしく**
>
> if は when と似ているが、if は「あるかないかわからないが、もしそういうことがあるとすれば…」というニュアンス、when は「あることは確かなので、そういうことが起きた時には…」というニュアンスになる。

次に確認！

Point

1 '条件' を表す接続詞
　　if（もし…ならば）

2 '条件' を表す接続詞が導く節では未来のことでも動詞を現在形にする

3 〈命令文 , and〔or〕....〉は if を使って書き換えることができる

Point 3 〈命令文 , and〔or〕....〉の書き換え

　and と or を使った〈命令文 , and....〉（～しなさい，そうすれば…）／〈命令文 , or....〉（～しなさい，そうしないと…）はどちらも if を用いて同じ内容を表せます。

〈命令文 , and....〉
／〈命令文 , or....〉
(p.117)

Hurry up, and you can catch the train.
（急ぎなさい，そうすれば電車に間に合うでしょう。）

≒ If you hurry up, you can catch the train.

Hurry up, or you will be late for the class.
（急ぎなさい，そうしないと授業に遅れてしまいます。）

≒ If you don't hurry up, you will be late for the class.

〈命令文 , or....〉の書き換えでは if の節が否定の形になる

Unit
6
接続詞

Z会
質問コーナー **Q** when や if などの接続詞をつける位置がわかりません。
A 「意味のまとまりとなる仲間」を考えてみましょう。

「ウチの犬は見知らぬ人を見た時に吠える」という日本語の文を2つに分けるとしたら，どこに「，」を入れるでしょうか。「ウチの犬は見知らぬ人を見た時に，吠える」となりますよね。つまり「時に」は「吠える」の仲間ではなく，「ウチの犬は見知らぬ人を見た」の仲間だとわかります。日本語では接続詞は自分の仲間の最後につくのですね。一方，英語では When our dog sees a stranger, it barks. のように接続詞は自分の仲間の先頭につきます。

まずは音読！ そこにお父さんがやって来て…

> I like cats because they are quiet and smart.

お父さん：僕はネコが好きだな。なぜならネコはおとなしくて賢いからね。

Point 1 ‘理由’を表す接続詞

because は「…なので」という‘原因・理由’を表す従位接続詞です。when などと同様，because が導く節は主節の前にも後ろにも置くことができます。

Because he woke up late this morning, he missed the train.

≒ He missed the train **because** he woke up late this morning.

（彼は今朝寝坊したので，電車に乗り遅れました。）

because は，‘理由’をたずねる Why を用いた疑問文に対して答える際にも使われます。この場合は主節を伴わずに〈**Because＋主語＋動詞～ .**〉の形で答えます。

"Why is she absent from school today?"

"Because she is sick in bed."
（「なぜ彼女は今日学校を休んでいるのですか。」
「病気で寝ているからです。」）

because の他に‘理由’を表す接続詞として次のようなものがあります。

📖 Why を用いた疑問文（p.81）

124

次に確認！

Point

1 '理由' を表す接続詞
because（…なので）

2 '譲歩' を表す接続詞
though〔although〕（…だけれども）

As I had no money, I couldn't buy a present for her.
（私はお金を持っていなかったので，彼女への贈り物を買えませんでした。）

Since it was Sunday, all the shops were closed.
（日曜日だったので，お店はすべて閉まっていました。）

Kenji can't come by bike, for it is raining heavily.
（雨がひどく降っているので，ケンジは自転車で来ることができません。）

since が導く節は主節の前に置かれることが多い。

Point **2** '譲歩' を表す接続詞

though〔although〕は「…だけれども」という '譲歩' の意味を表す従位接続詞です。though〔although〕が導く節は主節の前にも後ろにも置くことができます。

Though she was so busy, she helped me.

≒ She helped me **though** she was so busy.
（彼女はとても忙しかったけれど，私を手助けしてくれました。）

for は '判断の理由' を付け加える時に使われ，その前にコンマを置くのがふつう。

though〔although〕を含む文は but を使って書き換えることができます。

Though my computer is old, it still works.

≒ My computer is old, but it still works.
（私のコンピューターは古いけれど，まだ作動します。）

Unit
6
接続詞

125

1. 次の英文中のカッコの中から適当なものを選び，○で囲みなさい。

(1) 彼女は木曜日か金曜日にここに来ます。

She comes here (both ; either ; all) on Thursday or on Friday.

(2) その映画はとてもおもしろかったので，私はその DVD を買いました。

The movie was very exciting, (but ; so ; either) I bought the DVD.

(3) ケーキかパイはいかがですか。

Would you like cake (and ; but ; or) pie?

→31

2. 次の日本文と同じ意味を表すように，英文中の空所に適当な語を入れなさい。

(1) 彼が走るのが速いことを知っていますか。

Do you know (　　　　　　　) he (　　　　　　　) fast?

(2) 私はこのカレーは辛くないと思います。

I (　　　　　　　) think (　　　　　　　) this curry
(　　　　　　　) spicy.

(3) 彼はとても速く話すので，私は彼の言うことが理解できません。

He speaks (　　　　　　　) fast (　　　　　　　) I can't understand him.

→32

3. 次の日本文と同じ意味を表すように，カッコ内の語句を並べかえなさい。ただし，不要な語が 1 語ある。

(1) 彼らは暗くなる前にその仕事を終えるでしょう。

They [before ; dark ; finish ; gets ; it ; the work ; when ; will].

They _____.

126

(2) 私が帰ってくるまでここで待っていてくれますか。

Will you [back ; come ; here ; I ; until ; wait ; will]?

Will you _____?

(3) ジェーンは幼い時にオーストラリアに住んでいました。

Jane [Australia ; in ; is ; lived ; she ; was ; when] a little girl.

Jane _____ a little girl.

→33

4. 次の日本文の意味を表すように，英文を完成させなさい。

(1) もし明日天気がよかったら，私たちは海に行くつもりです。

We'll go to the sea _____.

(2) この手紙を読んだら，あなたのお母さんは怒るでしょう。

_____, she will get angry.

(3) お腹がすいていたら，このパンを食べてもいいですよ。

You may eat this bread _____.

→34

5. 次の日本文と同じ意味を表すように，英文中の空所に適当な語を入れなさい。

(1) ケンはとても眠かったので，早く寝ました。

( ) Ken was very sleepy, he went to bed early.

(2) そのテーブルは重かったけれど，彼は1人で運びました。

( ) the table was heavy, he carried it by himself.

→35

Unit
6
接続詞

127

1. (1) either　　　　　　　　　(2) so

(3) or

2. (1) that ; runs ─⟨ 主節を疑問文の形にする ⟩

(2) don't ; that ; is ─⟨ 主節を否定文にする ⟩

(3) so ; that ─⟨ so 〜 that... で「とても〜なので…」⟩

3. (1) will finish the work before it gets dark

⟨ '時' を表す副詞節の動詞は未来のことも現在形にする ⟩

(2) wait here until I come back

(3) lived in Australia when she was

4. (1) if it is fine tomorrow ─⟨ '条件' を表す副詞節の動詞は未来のことも現在形にする ⟩

(2) If your mother reads this letter　(3) if you are hungry

5. (1) Because〔As, Since〕

(2) Though〔Although〕

Unit

7

前置詞

36 '時'を表す前置詞

at ／ in ／ on など

 まずは音読！ アヤが所属するサッカーチームの試合があるようです

> ## We are going to have a soccer game on October 10th.

アヤ：10月10日にサッカーの試合があるわ。

Point ❶ '時'を表す前置詞

📖 前置詞とは（p.32）

　前置詞は，名詞や代名詞の前に置かれ，形容詞のはたらきをする句（形容詞句）や副詞のはたらきをする句（副詞句）を作ります。前置詞は，'時'や'場所'などいろいろな意味を表します。

　at，**in**，**on** は **'時'** を表す代表的な前置詞です。

Will you come at three o'clock?（3時に来てくれますか。）

We enjoy fireworks in summer.
（私たちは夏に花火を楽しみます。）

We had a party on his birthday.
（彼の誕生日にパーティーをしました。）

　前置詞にはそれぞれ**中心となるイメージ**があります。それをおさえておくと，意味をとらえやすくなります。

	前置詞	例
狭 ▲ 広	**at**「〜に」 「点」のイメージ	**at** seven twenty（7時20分に） **at** that time（その時に） **at** noon（正午に）
	on「〜（の上）に」 面にくっついている	**on** May 20th（5月20日に） **on** Monday（月曜日に） **on** (the) weekend（週末に）
	in「〜（の中）に」 ある程度広さがあるものに包まれている	**in** summer（夏に） **in** December（12月に） **in** 2015（2015年に）

注意！
'時'を表す決まった表現
in the morning
（朝〔午前中〕に）
in the evening（晩に）
at night（夜に）
ただし，「特定の日の」朝などを表す場合，前置詞は on を使う。
on Monday morning
（月曜日の朝に）
on Christmas night
（クリスマスの夜に）

 くわしく

in は '時の経過' も表す。
I'll be back in an hour.
（1時間したら戻ってきます。）

次に確認！

◆ Point

1 '時' を表す前置詞
at ／ in ／ on ／ before ／ after

2 '期間' や '期限' を表す前置詞
'期間'：for ／ during
'期限'：until（〜までずっと）／ by（〜までには）

その他，**before**，**after** も '時' を表します。

I took a shower before dinner.
（私は夕食の前にシャワーを浴びました。）

He went home after the game.
（彼は試合のあと帰宅しました。）

📖 接続詞 before ／ after（p.120）

Point 2 '期間' や '期限' を表す前置詞

for や **during** は「〜の間」という **'期間'** を表します。for のあとには時間や日数などを表す語句が，during のあとには特定の期間を表す語句が続きます。

Jack traveled in Asia for three weeks.
（ジャックはアジアを 3 週間旅しました。）

I'm going to visit China during the summer vacation.
（私は夏休みの間に中国を訪れる予定です。）

また，**until** や **by** は「〜まで」という **'期限'** を表します。until は「その時点までずっと同じ状態でいること」を表し，by は「その時点までには動作が完了すること」を表します。

We have to wait until two o'clock for him.
（私たちは彼を 2 時までずっと待たなければなりません。）

She will arrive there by two o'clock.
（彼女は 2 時までにはそこに到着するでしょう。）

くわしく

その他の '時' を表す前置詞
from（〜から）
Kim lived in Japan from 2005 to 2010.
（キムは 2005 年から 2010 年まで日本に住んでいました。）
since（〜から）
I have lived in Tokyo since 2010.
（私は 2010 年からずっと東京に住んでいます。）

Unit
7
前置詞

‘場所’を表す前置詞

at ／ in ／ on など

まずは音読！

> We are going to play
> the soccer game in the city park.
>
> It is near the station.

シン：市立公園でサッカーの試合をすることになっているよ。
アヤ：（その公園は）駅の近くだわ。

Point 1 ‘場所’を表す前置詞

at, **in**, **on** は ‘**場所**’ を表すこともできます。あとに続く語句により使い分けられますが，中心となるイメージは ‘時’ を表す場合と変わりません。

狭 ← 広

前置詞	例
at「～に〔で〕」 「点」のイメージ	**at** the bus stop（バス停で） **at** the next corner（次の角で） **at** school（学校で）
on「～（の上）に」 面にくっついている	**on** the table（テーブルの上に） **on** the wall（壁に） **on** the street（通りで）
in「～（の中）に」 ある程度広さがあるものに包まれている	**in** my room（私の部屋で〔に〕） **in** the city park（市立公園で〔に〕） **in** Hong Kong（香港で〔に〕）

Point 2 その他の‘場所’を表す前置詞

‘場所’を表す前置詞はその他にもいろいろあります。

The city park is near the station.
（その市立公園は駅の近くにあります。）

He held his umbrella over me.
（彼は私の上に傘をさしてくれました。）

The plane is flying above the clouds.
（飛行機が雲の上を飛んでいます。）

注意！

あとにくる場所そのものの大きさではなく，場所との位置関係のイメージで前置詞が選ばれる。
I got off the train at Tokyo Station.
（私は東京駅で電車を降りました。）
→東京駅は「点」のイメージ
I enjoyed shopping in Tokyo Station.
（私は東京駅で買い物を楽しみました。）
→東京駅に「包まれる」イメージ

くわしく

over：「（覆いかぶさるように）上に」という意味。（くっついていても離れていても可）
above：「（基準になるものから離れて）上に」という意味。

次に確認！

Point

1 '場所' を表す前置詞
at ／ in ／ on

2 その他の '場所' を表す前置詞
near ／ over ／ above ／ under ／ between ／ among

3 '方向' を表す前置詞
from ／ for ／ to ／ across ／ along

I found my textbook under the table.
（私は私の教科書をテーブルの下で見つけました。）

I sat between Shin and Yuka. ← 2つのものの「間」
（私はシンとユカの間に座りました。）

He was standing among the trees. ← 3つ以上のものの「間」
（彼は木々の間に立っていました。）

Point 3 '方向' を表す前置詞

from は「〜から」という **起点** を表します。**for** と

to はともに「〜へ」の意味ですが，for は **'向かう方向'**，

to は **'到着地点'** を表します。 ← 東京が到着地点

I took the Shinkansen from Kyoto to Tokyo.
（私は京都から東京まで新幹線に乗りました。）

I took the Shinkansen for Tokyo and got off at Nagoya Station. ← 向かう方向が東京

（私は東京行きの新幹線に乗り，名古屋駅で降りました。）

across は「〜を横切って」，**along** は「〜に沿って」

という意味を表します。

The children ran across the street.
（子供たちは走って道を渡りました。）

The children walked along the street.
（子供たちは道に沿って歩きました。）

くわしく

その他の '場所' を表す前置詞
in front of（〜の前に）
I waited for him in front of the shop.
（私は店の前で彼を待ちました。）
behind（〜の後ろに）
The girl was hiding behind the sofa.
（その少女はソファの後ろに隠れていました。）

くわしく

その他の '方向' を表す前置詞
into（〜の中へ）
He jumped into the river.
（彼は川の中に飛び込みました。）
out of（〜の外へ）
She took her keys out of her bag.
（彼女はかばんからかぎを取り出しました。）

Unit
7
前置詞

133

まずは音読！

How will you go to the park?

I will go there by bicycle.

シン：どうやって公園に行く？
アヤ：私は自転車でそこへ行くわ。

Point ❶ '手段' を表す前置詞

「〜で」という **'手段'** を表す前置詞として **by** や **with** がよく使われます。by は移動ややりとりなどの '手段' を表し，with は道具や材料などの '手段' を表します。

(交通手段)
I usually go to the park by bicycle.
（私はふだん公園に自転車で行きます。）

(通信手段)
Jim sent some questions by e-mail.
（ジムは E メールでいくつか質問を送りました。）

(道具)
We eat rice with chopsticks.
（私たちはおはしでご飯を食べます。）

逆に，「〜を使わないで」「〜なしで」という場合は，**without** を使います。

He drinks coffee without sugar.
（彼は砂糖なしでコーヒーを飲みます。）

Point ❷ '目的・結果' を表す前置詞

for は「〜に向かって」という中心となるイメージから，「〜のために〔〜を求めて〕」という **'目的'** も表します。

We went out for dinner to the famous restaurant.
（私たちはその有名なレストランへ夕食を食べに出かけました。）

〈by ＋乗り物〉は決まった言い方で，冠詞は入らない。
by train（電車で）
by plane（飛行機で）

with の中心となるイメージは「〜と一緒に」という意味。

I stayed at home with my son.
（私は息子と一緒に家にいました。）

'方向' を表す前置詞（p.133）

✎ 次に確認！

🔍 **Point**

1 '手段' を表す前置詞
by ／ with

2 '目的・結果' を表す前置詞
for ／ into

3 '原因・理由' を表す前置詞
at ／ from ／ because of

また，**into** は「〜の中へ」という中心となるイメージから，「〜に（なる）」という '結果' も表します。

The rain changed into snow. （雨が雪に変わりました。）

Point **3** '原因・理由' を表す前置詞

'原因・理由' を表す代表的な前置詞には，**at** や **from**，**because of** などがあります。

I was surprised at the news.（私はその知らせに驚きました。）

He is tired from overwork. （彼は働きすぎて疲れています。）

They had to change their plans because of the rain.
（雨のせいで彼らは計画を変えなければいけませんでした。）

📖 接続詞 because
（p.124）

Z会
質問コーナー
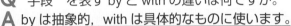

Q '手段' を表す by と with の違いは何ですか。
A by は抽象的，with は具体的なものに使います。

<u>by</u> car（車で）のcarには冠詞がつかないと説明しましたね。それは，あくまで「交通手段」を表し，具体的に「どの車で」かは意識していないからです。逆に「彼の車で」と具体的に言いたい場合は <u>in his car</u> になります。
一方，<u>with this knife</u>（このナイフで）のように，with は手近で，具体的な道具を使う場合に用いられます。
必ずしもすべてこの区別に当てはまるわけではありませんが，考え方の１つとしてこのようにイメージするとわかりやすいかもしれません。

Unit
7
前置詞

まずは音読！

> Do you know the goal keeper
> of the Nishi team?
> You mean the girl
> with long hair?

アヤ：西チームのゴールキーパーを知っている？
シン：髪の長い女の子のこと？

　ここまでは前置詞そのものが表す意味について学習しました。前置詞は at seven o'clock（7時に）や in the box（箱の中に）などのように，名詞や代名詞と結びついて1つのまとまりを作ります。このまとまりを**前置詞句**といい，形容詞や副詞のはたらきをします。

 形容詞と副詞の区別（p.102）

Point 1 形容詞のはたらきをする前置詞句

　〈前置詞＋名詞〉の形の句が，**名詞を後ろから修飾する**ことがあります。この場合，前置詞句は形容詞のはたらきをしています。

くわしく
このように名詞を後ろから修飾することを，**後置修飾**という。

the goal keeper を修飾

the goal keeper **of the Nishi team**
　　　　　　　　　　前置詞句
（西チームのゴールキーパー）

the girl を修飾

the girl **with long hair** （髪の長い女の子）
　　　　　　前置詞句

Can you pass me the pen **on the desk**?
（机の上のペンを渡してもらえますか。）

The people **in the next room** are very noisy.
（隣の部屋の人たちがとても騒がしいです。）

136

次に確認！

Point

1　形容詞のはたらきをする前置詞句
〈前置詞＋名詞〉が名詞を後ろから修飾する

2　副詞のはたらきをする前置詞句
〈前置詞＋名詞〉が動詞などを修飾する

Point 2　副詞のはたらきをする前置詞句

〈前置詞＋名詞〉の形の句が，**動詞や形容詞，他の副詞などを修飾**することがあります。この場合，前置詞句は副詞のはたらきをします。

動詞 left を修飾

He left home **in the morning**.（彼は午前中に家を出ました。）
前置詞句

形容詞 good を修飾

Tomoko is good **at cooking**.（トモコは料理が上手です。）
前置詞句

〈be 動詞＋形容詞
＋前置詞〉の表現
（p.139）

複数の前置詞句を続けて使うこともできます。

I had dinner **with my mother** **at the restaurant**.

（私はレストランで母と夕食を食べました。）

**Z会
質問コーナー**

Q どんな前置詞句が形容詞のはたらきをしますか。
A たいていの前置詞句は形容詞句にも副詞句にもなります。

次の例を見てみましょう。
① The boy caught a butterfly in his cap.（少年は帽子でチョウを捕まえました。）
② That boy in a cap is Takeshi.（帽子をかぶったあの少年はタケシです。）
どちらの文にも in（his／a）cap という前置詞句がありますが，①は動詞 caught を修飾する副詞のはたらき，②は That boy を修飾する形容詞のはたらきをしています。
同じ前置詞句でも，何を修飾しているかによって形容詞句にも副詞句にもなるのです。

Unit
7
前置詞

まずは音読！

> The Nishi team is famous for its star players.
>
> Yeah, but you can beat them!

アヤ：西チームはスター選手たちがいることで有名よ。
シン：そうだね。でも君なら勝てるよ！

Point ❶ 〈動詞＋前置詞〔副詞〕〉の表現

　〈動詞＋前置詞〔副詞〕〉の形で，1つの動詞のはたらきをする表現を**句動詞〔群動詞〕**と呼びます。句動詞は，動詞1語の時とは異なる意味を表す場合があるので，決まった形の表現として覚えておきましょう。

　例えば，get という動詞1語では「～を得る」という意味ですが，前置詞の on が続いて get on という表現になると，「～に乗る」という意味に変わります。

■ 〈動詞＋前置詞〔副詞〕〉の表現

get on ～ ⇔ get off ～	（電車・バス）に乗る ⇔（電車・バス）から降りる
get to ～	～に到着する
look at ～	～を見る
look for ～	～を探す
put on ～	（衣服など）を身につける
turn on ～ ⇔ turn off ～	（電気など）をつける ⇔（電気など）を消す

I'm looking for him.（私は彼を探しているところです。）

I turned on the computer.
（私はコンピューターの電源をつけました。）

くわしく

「（車）に乗る」は <u>get in ～</u>，「（車）から降りる」は <u>get out of ～</u> を用いる。

注意！

前置詞のあとに置かれる名詞は<u>前置詞の目的語</u>という。代名詞が前置詞の目的語になる場合は，<u>目的格</u>になる。

次に確認！

Point

1　〈動詞＋前置詞〔副詞〕〉で1つの動詞となる表現
get on 〜／ look at 〜／ put on 〜など

2　〈be 動詞＋形容詞＋前置詞〉の表現
be different from 〜／ be famous for 〜など

Point 2　〈be 動詞＋形容詞＋前置詞〉の表現

次に，形容詞と前置詞が結びついた表現を学習します。

The Nishi team **is famous for** its star players.
　　　　　　be 動詞＋形容詞＋前置詞
（西チームはスター選手たちがいることで有名です。）

■〈be 動詞＋形容詞＋前置詞〉の表現

be afraid of 〜	〜を恐れている
be careful about 〜	〜に気をつける
be different from 〜	〜とは違う
be famous for 〜	〜で有名だ
be full of 〜	〜でいっぱいだ
be good at 〜	〜が上手だ
be interested in 〜	〜に興味がある
be proud of 〜	〜を誇りに思う

Are you afraid of frogs?（あなたはカエルが怖いのですか。）

The library was full of students.
（図書館は生徒でいっぱいでした。）

くわしく
その他の前置詞と結びつく表現
at last（ついに）
for example（例えば）
of course（もちろん）
in time（間に合って）
on time（時間通りに）

Unit
7
前置詞

1. 次の英文中のカッコの中から適当なものを選び，○で囲みなさい。

(1) 冬はここでスキーができます。

We can ski here (at ; in ; on) winter.

(2) 4時半に来ていただけますか。

Will you come (at ; in ; on) four thirty?

(3) 母は1週間ニューヨークに滞在しました。

My mother stayed in New York (by ; for ; during) a week.

(4) 彼は1999年9月9日に生まれました。

He was born (at ; in ; on) September 9th (at ; in ; on) 1999.

→36

2. 次の日本文と同じ意味を表すように，英文中の空所に適当な語を入れなさい。

(1) 私は東京のホテルに泊まる予定です。

I'm going to stay (　　　　　　) a hotel (　　　　　　) Tokyo.

(2) 君のネコがいすの下で眠っていますよ。

Your cat is sleeping (　　　　　　) the chair.

(3) ここから渋谷までどれくらい距離がありますか。

How far is it (　　　　　　) here (　　　　　　) Shibuya?

→37

3. 次の日本文と同じ意味を表すように，英文中の空所に適当な語を入れなさい。

(1) 大雨のため，彼は病院まで車で行きました。

He went to the hospital (　　　　　　) car (　　　　　　) (　　　　　　) the heavy rain.

(2) 赤いペンで手紙を書いてはいけません。

You must not write a letter (　　　　　　) a red pen.

(3) この機械は風を電力に変えます。

This machine changes wind（　　　　　　　　）electric power.

→38

4. 次の日本文と同じ意味を表すように，カッコ内の語句を並べかえなさい。

(1) 壁にある地図が見えますか。

Can [see / on / the map / the wall / you]?

Can _____?

(2) あの白いコートを着た女性は誰ですか。

Who [a / in / is / lady / that / white / coat]?

Who _____?

(3) 私はユカと図書館で勉強しました。

I [library / Yuka / at / with / studied / the].

I _____.

→39

5. 次の日本文と同じ意味を表すように，英文中の空所に適当な語を入れなさい。

(1) 彼女は息子を誇りに思っています。

She（　　　　　　）（　　　　　　　）（　　　　　　　）her son.

(2) 何を探しているのですか。

What are you（　　　　　　）（　　　　　）?

(3) 私の意見はあなたの（意見）とは違います。

My opinion is（　　　　　　）（　　　　　）yours.

→40

Unit
7
前置詞

確認問題　解答 Unit 7 36〜40

1. (1) in — in は '月・季節・年' などに使う　(2) at

(3) for — for には時間・日数を表す語句が続く

(4) on ; in

2. (1) at 〔in〕; in　　　　　　　(2) under

(3) from ; to — from は '起点'，to は '到着地点'

3. (1) by ; because ; of — 交通手段は〈by＋乗り物〉

(2) with　　　　　　　(3) into

4. (1) you see the map on the wall — on the wall が the map を修飾

(2) is that lady in a white coat

(3) studied with Yuka at the library 〔at the library with Yuka〕

5. (1) is ; proud ; of　　　　　　(2) looking ; for

(3) different ; from

Unit 8

文の種類と文型

There are so many stars in the night sky.

── アヤ：夜の空にはたくさんの星があるわね。

Point 1 There is 〔are〕 ～ . の用法

There is 〔are〕 ～（＋'場所'を表す語句）. で 「(…に) ～がある〔いる〕」という意味になります。この there には「そこに」という意味はなく，主語の位置にありますが，主語ではありません。この形の文では「～」の部分が主語にあたり，be 動詞は **「～」の部分の名詞が単数なら is, 複数なら are** になります。

There is a cat on the sofa. （ソファの上にネコがいます。）

> 単数の名詞→ be 動詞は is

> 複数の名詞→ be 動詞は are

There are a lot of children in the park.
（公園にたくさんの子供がいます。）

be 動詞を過去形にすると過去の内容になります。

There was a cat on the sofa.（ソファの上にネコがいました。）

There were a lot of children in the park.
（公園にたくさんの子供がいました。）

Point 2 There is 〔are〕 ～ . の疑問文・否定文

There is 〔are〕 ～ . の疑問文（「～がありますか〔いますか〕」）は，**Is〔Are〕 there ～ ?** という形にします。答える際には Yes, there is 〔are〕.（はい，あります〔います〕。）

'場所'を表す前置詞（p.132）

注意！
「～」には不特定の名詞が入る。the・所有格の人称代名詞（my など）・指示代名詞（this ／ that）など特定のものを指す語は使われない。
× There is the cat on the sofa.

注意！
there is は there's と短縮できる。

次に確認！

Point

① There is〔are〕～．（～がある〔いる〕）

「～」の部分が主語にあたる

② 疑問文　Is〔Are〕there ～ ?
否定文　There is〔are〕not any ～ .

または No, there isn't〔aren't〕. （いいえ，ありません〔いません〕。）と言います。

"Are there cookies in the box?" "Yes, there are."
（「箱の中にクッキーがありますか。」「はい，あります。」）

また，「～が1つ〔1人〕もない〔いない〕」という否定の意味にする時は，**There is〔are〕not any ～ .** とします。**There is〔are〕no ～ .** と表すこともあります。

 否定文の any
　　　　　　（p.107）

There isn't any milk in the glass.

≒ There is no milk in the glass.
（コップには牛乳が少しもありません。）

注意！
「～」に数えられない名詞が入る場合，主語は単数扱いになり，be動詞は is となる。

さらに，There is〔are〕～ . の形は数量をたずねる **How many〔much〕～ ?** の中でも用いられます。

"How many books are there in this library?"

"There are about three hundred (books)."
（「この図書室には本が何冊ありますか。」
「約300（冊）あります。」）

"How much water is there in the pond?"

"There is only a little."
（「池には水がどれだけありますか。」「ほんの少ししかありません。」）

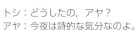

まずは音読！

What happened, Aya?

I feel poetic tonight.

トシ：どうしたの，アヤ？
アヤ：今夜は詩的な気分なのよ。

　英語は以下の要素を組み合わせて文を作っています。この組み合わせを**文型**といい，英語には大きく5つの文型があります。文型を理解すると，自分で正しい文が作れるようになります。

5つの文型・文の要素については p.22 〜 23 で確認しておこう！

| 主語 | 動詞 | 目的語 | 補語 |

Point ❶ 〈主語＋動詞〉の文

　1つ目の文型は **〈主語＋動詞〉** の形です。主語と動詞は文を作る上で欠かせない要素ですが，〈主語＋動詞〉のみが単独で用いられることはあまり多くなく，ふつうは情報を補うために**修飾語（句）**を付け加えて使います。

My family lives in Tokyo. （私の家族は東京に住んでいます。）
　主語　　　動詞　　in Tokyo は修飾語句

He runs fast. （彼は速く走ります。）
主語　動詞　　fast は修飾語

　〈主語＋動詞〉の文では動詞の後ろに目的語が続くことはありません。このように，あとに目的語がこない動詞を**自動詞**といいます。あとから学習する他動詞との違いをしっかりおさえましょう。

他動詞 (p.148)

次に確認！

Point

1 〈主語＋動詞〉の文
「何〔誰〕がどうする」

2 〈主語＋動詞＋補語〉の文
「何〔誰〕が何だ〔どんなだ〕」

Point 2 〈主語＋動詞＋補語〉の文

　2つ目の文型は〈**主語＋動詞＋補語**〉の形です。この文型では動詞に **be 動詞**が最も多く使われ、**「主語＝補語」**のように2つの要素をつなぐ役割をしています。補語には主に**主語の状態や性質を表す形容詞・名詞**がきます。

注意！
補語は1語とは限らず句になることもある。

<u>I</u> <u>am</u> <u>a junior high school student.</u>（私は中学生です。）
主語　動詞　　　　補語（名詞）

<u>Mary</u> <u>is</u> <u>so beautiful.</u>（メアリーはとても美しいです。）
主語　動詞　補語（形容詞）

　この文型では、**become, look, feel, get, grow, sound, smell** などの動詞も使われます。この場合も「主語＝補語」の関係は変わりません。

He became a teacher.（彼は教師になりました。）
You look tired.（あなたは疲れているように見えます。）
That story sounds exciting.（その話はおもしろそうです。）

Unit
8
文の種類と文型

まずは音読！

> I read this book, and now I think I'll write some poems.

アヤ：この本を読んだの。それで詩を書いてみようと思うのよ。

Point ❶ 〈主語＋動詞＋目的語〉の文

3つ目の文型は 〈主語＋動詞＋目的語〉の形です。目的語には名詞そのものだけでなく，名詞節などの**名詞に相当する語句**がくる場合もあります。

I bought this shirt yesterday.
主語　動詞　　目的語
（私は昨日このシャツを買いました。）

I think **that** she will pass the exam.
主語　動詞　　　　目的語
（彼女は試験に合格すると私は思います。）

この文型では動詞のすぐ後ろに目的語が続きます。このように目的語が必要となる動詞を**他動詞**といいます。〈主語＋動詞＋目的語〉の形の文で使われる動詞は**他動詞のみ**で自動詞は使われません。

I wrote a letter to my friend in Canada. 他動詞
（私はカナダにいる友達に手紙を書きました。）

I walk to the park every morning. 自動詞

目的語ではなく修飾語句

（私は毎朝公園に歩いて行きます。）

注意！
他動詞は目的語を省略することができない。
○ I met Ms. Smith.
（私はスミス先生に会いました。）
× I met.

 自動詞（p.146）

次に確認！

Point

1 〈主語＋動詞＋目的語〉の文
「何〔誰〕が何〔誰〕をどうする」

2 動詞のあとに続く名詞
「主語＝名詞」なら名詞は補語
名詞が主語の動作の対象（主語⇒名詞）なら名詞は目的語

Point 2 〈主語＋動詞＋補語〉と〈主語＋動詞＋目的語〉の区別

　〈主語＋動詞＋補語〉と〈主語＋動詞＋目的語〉で補語や目的語に名詞（句）がくる場合，どちらの文型なのかわかりにくい場合があります。

　動詞に続く名詞が補語か目的語かを判断する際には，主語と名詞の関係性を考えてみましょう。動詞に続く名詞が主語の'状態'や'性質'を表す内容で，**「主語＝名詞」**の関係になっていれば〈主語＋動詞＋補語〉の形だと判断できます。

She　became　a nurse.（彼女は看護師になりました。）
主語　　動詞

she ＝ a nurse なので補語

　一方，動詞に続く名詞が主語の動作の対象となり，**「主語⇒名詞」**という関係になっていれば〈主語＋動詞＋目的語〉の形だと判断できます。

She　met　a nurse.（彼女は看護師に会いました。）
主語　動詞

she ⇒ a nurse なので目的語

　主語と動詞に続く名詞の関係性を考える上で，「＝」と「⇒」の違いをしっかり覚えましょう。

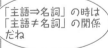
「主語⇒名詞」の時は
「主語≠名詞」の関係
だね

Unit
8
文の種類と文型

Ms. Smith gave me this book.
The book showed me a new world.

アヤ：スミス先生が私にこの本をくれたの。
　　　その本は私に新しい世界を見せてくれたのよ。

Point ❶ 〈主語＋動詞＋目的語＋目的語〉の文

　4つ目の文型は **〈主語＋動詞＋目的語＋目的語〉** の形です。2つの目的語は **1つ目に'人'，2つ目に'もの・こと'** を表す内容が入り，**「～（人）に…（もの・こと）を」** の意味になります。

My grandfather gave me a present.
　主語　　　　　動詞　目的語　目的語
（私の祖父が私に贈り物をくれました。）

　〈主語＋動詞＋目的語＋目的語〉の文型で使われる主な動詞には以下のものがあります。

give（～を与える）	buy（～を買う）
send（～を送る）	get（～を得る）
teach（～を教える）	make（～を作る）
tell（～を言う）	find（～を見つける）
show（～を見せる）	cook（～を料理する）

Point ❷ 〈主語＋動詞＋目的語＋目的語〉の書き換え

　〈主語＋動詞＋目的語＋目的語〉は **〈主語＋動詞＋目的語（もの・こと）＋ to〔for〕＋目的語（人）〉** と書き換えることができます。

〈主語＋動詞＋目的語〉に to〔for〕～がつく形

くわしく

「～（人）に」に当たる1つ目の目的語を間接目的語，「…（もの・こと）を」に当たる2つ目の目的語を直接目的語という。

'人'（me）→'もの'（a present）の語順になっているね

くわしく

主語＋動詞＋目的語のあとに that で始まる節が続くこともある。
Children teach us that life is beautiful.
（子供たちは我々に人生とはすばらしいものだと教えてくれます。）

次に確認！

Point

1 〈主語＋動詞＋目的語（人）＋目的語（もの・こと）〉の文
「何〔誰〕が誰に何をどうする」

2 〈主語＋動詞＋目的語（人）＋目的語（もの・こと）〉
→〈主語＋動詞＋目的語（もの・こと）＋ to〔for〕＋目的語（人）〉

John teaches **my sister English**.

➡ John teaches **English to my sister**.
（ジョンは私の妹に英語を教えています。）

Dick bought **Aki a watch**.

➡ Dick bought **a watch for Aki**.
（ディックはアキに腕時計を買ってあげました。）

to を使う動詞	give, send, teach, tell, show
for を使う動詞	buy, get, make, find, cook

注意！
'もの・こと'を表す目的語が代名詞itの場合，ふつう〈主語＋動詞＋目的語＋目的語〉の形をとることはできない。
○ John gave it to his son.
（ジョンは息子にそれをあげました。）
× John gave his son it.

Unit 8 文の種類と文型

Z会 質問コーナー
Q to と for のどちらで書き換えるのかわかりません。
A 動詞によってどちらを使うかが決まります。

2つの前置詞を使い分ける目安として，相手がいることが前提となっている行動を表す動詞には to，相手がいなくても成立する行動を表す動詞には for を使うと考えることができます。例えば，give（～を与える）は，「与える相手」や「与えるもの」が必要なので to が使われます。一方，buy（～を買う）は自分のために買うこともできるし，誰かのために買うこともできるので for が使われます。

So, the poems make you romantic.

Exactly! You can call me "Ms. Poet" tonight.

トシ：それで，その詩がロマンチックな気分にさせているんだね。
アヤ：その通り！　今夜は私のことを「ミズ・ポエット（詩人）」と呼んでいいのよ。

Point 1 〈主語＋動詞＋目的語＋補語〉の文

　5つ目の文型は〈主語＋動詞＋目的語＋補語〉の形です。〈主語＋動詞＋補語〉の文型で「主語＝補語」の関係になると学習しましたが，この文型では「主語＝補語」ではなく「目的語＝補語」の関係になります。

She　made　us　happy. (us = happy)
主語　　動詞　　目的語　補語
（彼女は私たちをうれしくさせました。）

この文型ではさまざまな語が補語になります。

名詞

I call him Ted. （私は彼のことをテッドと呼びます。）

We made her our leader.
（私たちは彼女をリーダーにしました。）

形容詞

That news made us sad.
（そのニュースは私たちを悲しくさせました。）

She always keeps her room clean.
（彼女はいつも部屋をきれいにしています。）

✎ 次に確認！

Point

1 〈主語＋動詞＋目的語＋補語〉の文
「何〔誰〕が何〔誰〕をどんな（状態）にどうする」

2 動詞のあとに名詞が2つ続く場合，2つ目の名詞が目的語と補語のどちらになるか注意

〈主語＋動詞＋目的語＋補語〉の文型をとる代表的な動詞を確認しましょう。

call ＋目的語＋補語（名詞）	〜を…と呼ぶ
make ＋目的語＋補語（名詞，形容詞）	〜を…にする
name ＋目的語＋補語（名詞）	〜を…と名づける
keep ＋目的語＋補語（形容詞）	〜を…の状態にしておく
leave ＋目的語＋補語（形容詞）	〜を…のままにする
find ＋目的語＋補語（名詞，形容詞）	〜が…だとわかる

Point 2 動詞のあとに続く2つの名詞の区別

動詞の後ろに名詞（または名詞に相当する語句）が2つ続く時は，2つの名詞がどんな関係になっているかを考えましょう。

My mother made me this bag.

> me ≠ this bag なので this bag は目的語

（私の母は私にこのかばんを作ってくれました。）

I made him a famous pianist.

> him ＝ a famous pianist なので a famous pianist は補語

（私は彼を有名なピアニストにしました。）

> 5つの文型わかったかな？

Unit
8
文の種類と文型

1. 次の英文中のカッコの中から適当なものを選び，○で囲みなさい。

(1) 私の家には5つの部屋があります。

There (is ; are ; were) five rooms in my house.

(2) その庭には花がありませんでした。

There (was not ; were ; were not) any flowers in the garden.

(3) あなたのクラスには何人の生徒がいますか。

How many students (there are ; are there ; is there) in your class?

→41

2. 次の日本文と同じ意味を表すように，英文を完成させなさい。

(1) ケンジはとても速く泳ぎます。

Kenji _____.

(2) 私の姉は教師になりました。

My sister _____.

(3) このバラは甘い香りがします。

This rose _____.

→42

3. 次の日本文の意味を表す英文を書きなさい。

(1) 彼は先週新しい自動車を買いました。

_____

(2) あなたはフランス語を話せますか。

→43

4. 次の各組の英文がほぼ同じ内容になるように，空所に適当な語を入れなさい。

(1) 私は息子の誕生日にカメラを贈るつもりです。

I will give a camera (　　　　　　　) my son for his birthday.

(2) 母は私にケーキを作ってくれました。

My mother made (　　　　　) (　　　　　) (　　　　　).

(3) アルバムを見せてくれませんか。

Will you show the album (　　　　　) (　　　　　) ?

→44

5. 次の日本文と同じ意味を表すようにカッコ内の語句を並べかえなさい。

(1) その夫婦は赤ちゃんをジュディと名づけました。

[baby / couple / Judy / named / the / their].

(2) その知らせを聞くと，アンは悲しむでしょう。

[Anne / make / news / sad / the / will].

→45

Unit
8
文の種類と文型

155

46 命令文

肯定の命令文／否定の命令文

まずは音読！ お母さんがアヤたちの部屋にやってきました

> Aya, don't open the window.
> It's cold.

お母さん：アヤ，窓を開けないで。寒いわ。

Point ❶ 肯定の命令文は動詞の原形で始める

英語の文はふつう，〈主語＋動詞〉を中心にできていることを学習してきましたが，実は主語のない文もあります。それが今回の**命令文**です。

命令文は，「…しなさい」「…してごらん」「…してください」と，相手に何かを命令したり頼んだりする時に使う表現です。命令文は主語を省略して，**動詞の原形**で文を始めます。命令文に対して「いいですよ」「わかりました」と答える時は，OK. や All right. などを使います。

"**Open** the window." "OK〔All right〕."
動詞の原形
（「窓を開けなさい。」「わかりました。」）

相手に呼びかける時は，文頭か文末に名前をつけます。呼びかけの語のあとはコンマで区切ります。

Wait here for a moment, Mari.
（マリ，ここで少し待っていなさい。）

命令したり，頼んだりする相手は常に自分の目の前にいる人，2人称の「あなた〔あなたたち〕」になります。つまり主語はいつも you だとわかっているから省略するのです。また，過去に対して命令はしませんから，常に動詞の原形を使います。こう考えるとわかりやすいですね。

📐 5つの文型(p.146)

「…してください」とていねいに頼む場合は <u>please</u> を使う。
（p.158）

次に確認！

🔍 Point

1 肯定の命令文は動詞の原形で始める
「…しなさい」

2 否定の命令文は〈Don't＋動詞の原形〜 .〉の形
「…してはいけません」

be 動詞の命令文では，原形の **be** で文を始めます。You are の are を be に変える必要があるので，注意しましょう。

ふつうの文>You are quiet.（あなたは静かです。）

命令文>Be quiet in the library.（図書館では静かにしなさい。）

Point **2** 否定の命令文〈Don't＋動詞の原形〜 .〉

「…してはいけません」という否定の命令文は，〈**Don't ＋動詞の原形〜 .**〉の形になります。

Don't open the window.（窓を開けてはいけません。）
Don't ＋動詞の原形

ふつうの文>Yumi doesn't go to the park alone.
（ユミは1人で公園に行きません。）

命令文>Yumi, don't go to the park alone.
（ユミ，1人で公園に行ってはいけません。）

be 動詞の命令文は，原形の be を使って **Don't be 〜 .** という形になります。

ふつうの文>You are shy.（あなたは恥ずかしがりですね。）

命令文>Don't be shy.（恥ずかしがらないでください。）

注意！
否定の命令文でも please をつけると「…しないでください」というていねいな表現になる。

注意！
be 動詞の前に don't がくるのは be 動詞の否定の命令文の時だけ！
○ I am not hungry.
（私はお腹がすいていません。）
× I don't be hungry.

47 Please .... / Let's ....

「…してください」「…しましょう」

まずは音読！

> Come downstairs.
> Let's have dinner.
> Yes, let's. I'm hungry!

お母さん：下にいらっしゃい。夕食を食べましょう。
トシ　　：うん，そうだね。お腹がすいたよ！

Point 1 　Please ....「…してください」

命令文の文頭や文末に **please** をつけると，「…してください」というていねいな表現になります。please を文の後ろに置く場合は please の直前にコンマを置きます。

Turn on the light, please.（電気をつけてください。）

Please be back by three o'clock.
（3時までには戻ってきてください。）

否定の命令文に please をつけて Please don't .... や Don't ..., please. という形にすると，「…しないでください」という意味になります。

Please don't say such a thing.
（そんなことを言わないでください。）

Don't be so angry, please.（そんなに怒らないでください。）

📖 '依頼' を表す表現 Would〔Could〕you ...?（p.68）

くわしく

日常会話では，動詞を使わない表現もある。
Coffee, please.
（コーヒーをください。）

Point 2 　〈Let's＋動詞の原形～ .〉「…しましょう」

「…しましょう」と相手を誘ったり提案したりする時は，〈**Let's＋動詞の原形～.**〉の形で表します。誘いや提案に賛成する時は，**Yes, let's.**（はい，そうしましょう）と答えます。Sure. や OK., All right. などと答えることもあります。

"Let's have dinner." "Yes, let's."
（「夕食を食べましょう。」「はい，そうしましょう。」）

📖 '提案' を表す表現 Shall we ...?（p.67）

次に確認！

📌 **Point**

1 命令文に please をつけるとていねいな言い方になる
Please .... ／ ..., please.（…してください）

2 〈Let's＋動詞の原形～.〉（…しましょう）
答え方：Yes, let's. ／ No, let's not.

逆に，誘いや提案を断る時は，**No, let's not.** （いいえ，やめておきましょう）と答えますが，それだけでは失礼な感じになります。代わりの提案をしたり，断る理由をつけ加えたりするとよいでしょう。

"Let's go to the movies."

"No, let's not. We don't have much time today."
（「映画を見に行きましょう。」
「いいえ, やめておきましょう。今日はあまり時間がありません。」）

また，「…するのはやめましょう」と提案する場合は，
〈**Let's not ＋動詞の原形～.**〉という形になります。

Let's not play soccer today.
（今日はサッカーをするのはやめましょう。）

注意！
命令文と違って，Let's がつくと自分も含めてその動作をするという意味になる。
Let's find our seats.
（私たちの席を探しましょう。）
Find your seat.
（あなたの席を探しなさい。）

Unit
8
文の種類と文型

Z会
質問コーナー　**Q** '依頼' を表す表現がたくさんあって迷います。
　　　　　　　A ていねいさの度合いで使い分けましょう。

ここまでで，いろいろな '依頼' を表す表現が登場しましたね。一度整理してみましょう。ていねいさの度合いが違うので，その時の場面や言う相手に応じて，使い分けましょう。

ていねいさ

Please .... ／..., please.（…してください）

Will you ...? ／ Can you ...?（…してくれますか）(p.68)

Would you ...? ／ Could you ...?（…していただけますか）(p.68)

高

48 感嘆文
What ...! / How ...!

まずは音読！ 夕食の時間

> Wow! What a big steak this is!

トシ：わあ！　なんて大きなステーキなんだろう！

Point ❶　what を使った感嘆文

感嘆文は，「なんと…でしょう！」と，感心したり驚いたりした際，喜びや悲しみなどの強い感情を表す表現です。

例えば，大きなステーキが目の前にあったとします。

This is a big steak.（これは大きなステーキです。）

このように言った場合は，ふつうに事実を述べていることになりますね。大きなステーキに驚いていることを伝えたい時に，感嘆文を使います。感嘆文は 〈**What ＋（a〔an〕＋）形容詞＋名詞＋主語＋動詞...!**〉 の形にし，文の終わりを**エクスクラメーションマーク(!)** にします。

This is a big steak. ＜この部分に驚いている＞

＜文末は「!」に＞

What **a big steak this is!**
　　　a ＋形容詞＋名詞
（これはなんて大きなステーキなのでしょう。）

数えられない名詞や複数形の場合は，冠詞はつきません。

＜不可算名詞＞
What good advice you gave me!
（あなたはなんとよい忠告を私にくれたのでしょう。）

＜複数形＞
What smart girls they are!
（彼女たちはなんと賢い少女なのでしょう。）

注意！

What のあとに〈(a〔an〕＋)形容詞＋名詞〉のかたまりごともってくること。そのあとに〈主語＋動詞〉を続ける。

📖 数えられる名詞と数えられない名詞
（p.88）

次に確認！

🔍 **Point**

1 **what を使った感嘆文**
〈What＋(a〔an〕＋) 形容詞＋名詞＋主語＋動詞...!〉

2 **how を使った感嘆文**
〈How＋形容詞〔副詞〕＋主語＋動詞...!〉

Point 2 **how を使った感嘆文**

感嘆文で how を使う場合は，〈**How＋形容詞〔副詞〕**〉
でひとかたまりにします。

この部分に驚いている

This steak is big.（このステーキは大きいです。）

How **big this steak is**!〔文末は「！」に〕
　形容詞
（このステーキはなんて大きいのでしょう。）

≒ What **a big steak this is**!

how を使った感嘆文と what を使った感嘆文は，お互い
に書き換えることができます。

Jim plays soccer **well**.（ジムは上手にサッカーをします。）
　　　　　　　副詞
➡ How well Jim plays soccer!
（ジムはなんて上手にサッカーをするのでしょう。）

Jim is **a good soccer player**.（ジムはよいサッカー選手です。）
　　　a＋形容詞＋名詞
➡ What a good soccer player Jim is!
（ジムはなんて上手なサッカー選手なのでしょう。）

Unit
8

文の種類と文型

注意!
How のあとには形容
詞〔副詞〕を続ける。
What ...! の文との語
順の違いに注意。

くわしく
何について話している
かが明確な場合は〈主
語＋動詞〉を省略する
ことも多い。
"Look! Mt. Fuji!"
"How beautiful!"
（「見て！　富士山！」
「なんてきれいなんで
しょう。」）

まずは音読！

> Do you know where
> the forks are?
>
> No, I don't.

お母さん：フォークがどこにあるか知っている？
トシ　　：ううん，知らないよ。

Point **1** 間接疑問とは

that を使った節が文に組み込まれている形は **32** で学習しました。ここで学習する**間接疑問**は，疑問詞で始まる節が文の一部に組み込まれたものです。

フォークがどこにあるかわからない時，ふつうの疑問文ではこのように言いますね。

"Where are the forks?" "They are on the table."
（「フォークはどこですか。」「テーブルの上にあります。」）

「フォークがどこにあるか知っていますか」とたずねたい場合は，このようになります。

"Do you know **where** the forks are?" "No, I don't."
（「フォークがどこにあるか知っていますか。」
「いいえ，知りません。」）

疑問詞で始まる節が，**Do you know ...?**（…を知っていますか）という文の中に組み込まれて目的語になっていますね。これが，間接疑問です。

 接続詞 that
(p.118)

 くわしく
ふつうの疑問文のことを<u>直接疑問文</u>という。

注意！
間接疑問の文には接続詞 that は不要。
× I know that why you are late.

Point **2** 間接疑問の語順は 〈疑問詞＋主語＋動詞〜〉

間接疑問では，疑問詞のあとが〈主語＋動詞〜〉の語順になるので，注意が必要です。

Do you know **where** the forks are?
　　　　　　　　　　主語 ＋ 動詞

 where で始まる節が know の
目的語になっているよ

次に確認!

Point

1 疑問詞を含む節が文の一部になったものを間接疑問という

2 間接疑問の語順は〈疑問詞＋主語＋動詞〜〉

間接疑問は，いろいろな疑問詞で作ることができます。

I don't know when he will come home.
（私は彼がいつ帰宅するか知りません。）

Can you explain why you think so?
（なぜあなたがそう思うのか説明してくれますか。）

Please tell me what he said to you.
（彼があなたに何を言ったか教えてください。）

なお，疑問詞が主語になっている場合は，疑問詞のあとの語順は変わりません。

He will realize **who took** this picture.
　　　　　　　　　主語＋動詞
（彼は誰がこの写真を撮ったか気づくでしょう。）

注意!
〈主語＋動詞〉の語順に注意すること。
○ Do you know where he lives?
（彼がどこに住んでいるか知っていますか。）
× Do you know where does he live?

疑問詞が主語になる場合（p.76）

Unit
8
文の種類と文型

Z会 質問コーナー

Q 疑問文と間接疑問で語順がわからなくなります。

A まず疑問文の基本の語順をしっかりおさえましょう。

疑問詞を用いた疑問文は，最初に疑問詞がつきますね。
Who is she?（彼女は誰ですか。）
Where do you play baseball?（あなたはどこで野球をしますか。）
これが疑問文の基本の語順です。そして，間接疑問は〈主語＋動詞〉の語順になります。
I want to know who she is.（彼女が誰か知りたいです。）
I don't know where you play baseball.
（私はあなたがどこで野球をするか知りません。）

50 付加疑問
同意を求める表現

This steak is delicious, isn't it?

Yes, it is.

アヤ：このステーキはおいしいよね。
トシ：うん，そうだね。

Point ❶ 付加疑問は相手に同意を求める表現

　文の最後に短い疑問の形がついたものを**付加疑問**といいます。自分の発言について相手に確認したり，同意を求めたりする時によく使われます。**肯定文の場合は，否定の形の疑問形**をつけ加えます。付加疑問では，主語を代名詞で受け，もとの文の動詞の種類によって，付加疑問で使う動詞も変わります。

> be 動詞の文の場合は be 動詞を使う

This steak is delicious, **isn't it?**
　　　　　肯定　　　　　　　　否定
（このステーキはおいしいですよね。）

> もとの文の動詞と時制をそろえる

You were with Keiko at that time, weren't you?
（あなたはその時ケイコと一緒にいましたよね。）

　一般動詞の現在形・過去形の文の場合，付加疑問では

don't〔doesn't, didn't〕を使います。

Takashi called you last night, didn't he?
（タカシが昨晩，あなたに電話しましたよね。）

Kumi likes chocolate, doesn't she?
（クミはチョコレートが好きですよね。）

　助動詞の文の場合は，助動詞を否定形にします。

They can speak Chinese, can't they?
（彼らは中国語を話せますよね。）

> **くわしく**
> もとが肯定文の付加疑問に対する答え方
> "Takashi called you last night, didn't he?"
> "Yes, he did."
> →電話をした
> "No, he didn't."
> →電話をしなかった

次に確認！

Point

1 付加疑問は相手に同意を求める表現
〈肯定文＋否定の疑問形？〉／〈否定文＋肯定の疑問形？〉

2 さまざまな文の付加疑問
Let's .... の文には shall we? をつける
命令文には will〔won't〕you? をつける

　一方，もとの文が**否定文の場合は，肯定の形の疑問形**をつけ加えます。常に逆になるのですね。

Yuko wasn't absent from school, was she?
（ユウコは学校を休んでいなかったですよね。）

You didn't come to the club yesterday, did you?
（あなたは昨日，部活に来なかったですよね。）

Tom and Beth won't tell the secret, will they?
（トムとベスはその秘密を教えないですよね。）

Point2　さまざまな文の付加疑問

　Let's .... の文に付加疑問をつける場合は，**shall we?**を使います。また，命令文に付加疑問をつける場合は，**will〔won't〕you?** を使います。

Let's go to that restaurant, shall we?
（あのレストランに行きましょうよ。）

Come to our party, will〔won't〕you?
（私たちのパーティーに来ませんか。）

くわしく

もとが否定文の付加疑問に対する答え方
"Yuko wasn't absent from school, was she?"
"Yes, she was."
→休んだ
"No, she wasn't."
→休まなかった

くわしく

否定の意味を含む疑問文を否定疑問文という。
Didn't you come to the club?
（部活に来なかったのですか。）

否定の命令文に付加疑問をつける場合は，will you? のみ。
Don't walk so fast, will you?
（そんなに速く歩かないでくれますか。）

1. 次の日本文と同じ意味を表すように，英文中の空所に適当な語を入れなさい。

(1) 食事の前に手を洗いなさい。

( ) your hands before a meal.

(2) お年寄りや小さな子供に親切にしなさい。

( ) kind to old people and small children.

(3) この部屋で走ってはいけません。

( ) ( ) in this room.

(4) 動物を怖がらないでください。

( ) ( ) afraid of animals.

→46

2. 次の日本文と同じ意味を表すように，英文を完成させなさい。

(1) 明日サッカーをしましょう。

_____ tomorrow.

(2) 「放課後，図書館に行こう。」「いや，やめておこう。今日は忙しいんだ。」

" _____ after school."

" _____. I am busy today."

(3) 赤ちゃんが眠っているので，静かにしてください。

_____ because my baby is sleeping.

(4) 窓を開けないでください。

Don't _____.

→47

3. 次の文が感嘆文になるように，英文中の空所に適当な語を入れなさい。

(1) あれはなんて古い建物でしょう。

( ) ( ) old building that is!

(2) 彼はなんて早口なんでしょう。

(　　　　　　　) fast he (　　　　　　　)!

(3) 彼らはなんて上手にギターを弾くのでしょう。

(　　　　　) (　　　　　　　　) they play the guitar!

→48

4. 次の文にカッコ内の疑問文を続けた間接疑問の文を作りなさい。

(1) ジュディはクリスマスに何が欲しいか知っていますか。

Do you know ＿＿＿＿＿＿＿＿＿＿＿ for Christmas?

(What does Judy want for Christmas?)

(2) いつ彼が札幌へ出発する予定か教えてくれませんか。

Will you tell me ＿＿＿＿＿＿＿＿＿＿＿?

(When will he leave for Sapporo?)

(3) この犬が何歳なのかわかりますか。

Can you guess ＿＿＿＿＿＿＿＿＿＿＿?

(How old is this dog?)

→49

5. 次の文が付加疑問文になるように，英文中の空所に適当な語を入れなさい。

(1) 『ローマの休日』は古い映画ですね。

"Roman Holiday" is an old movie, (　　　　　　)

(　　　　　　)?

(2) マイクはコンサートでピアノを弾きましたね。

Mike played the piano in the concert, (　　　　　　)

(　　　　　　)?

(3) チエは車の運転ができませんね。

Chie can't drive a car, (　　　　　　) (　　　　　　)?

→50

1. ⑴ are

⑵ were not ◁ 「～が１つもない」は not any ～と no ～の２通りの表し方がある

⑶ are there ◁ 〈How many＋複数名詞＋are there ～?〉「～はいくつありますか。」

2. ⑴ swims very fast ⑵ became a teacher

⑶ smells sweet

3. ⑴ He bought a new car last week.

⑵ Can you speak French?

4. ⑴ to ⑵ me ; a ; cake ⑶ to ; me

5. ⑴ The couple named their baby Judy.

⑵ The news will make Anne sad. ◁ 「その知らせはアンを悲しませるでしょう。」と言い換えて考える

1. ⑴ Wash ⑵ Be ◁ be 動詞を用いる文の場合は原形の be

⑶ Don't ; run ⑷ Don't ; be

2. ⑴ Let's play soccer

⑵ Let's go to the library ; No, let's not

⑶ Please be quiet

⑷ open the window(s) , please ◁ please を文末に置くときは，コンマ (,) で区切る

3. ⑴ What ; an ⑵ How ; speaks 〔talks〕

⑶ How ; well ◁ 「早口な」＝「速く話す」

4. ⑴ what Judy wants ◁ want に -s をつけるのを忘れずに

⑵ when he will leave for Sapporo

⑶ how old this dog is

5. ⑴ isn't ; it ⑵ didn't ; he ◁ 時制に注意

⑶ can ; she

Unit

9

不定詞と動名詞

51 不定詞の名詞用法
「…すること」

 まずは音読！ 家族旅行の準備

I really like to go to a hot spring.

Me too!

アヤ：私は温泉に行くのが大好きよ。
トシ：僕もだよ！

Point ❶ 〈to＋動詞の原形〉

〈**to ＋動詞の原形**〉 の形を**不定詞**といいます。主語や時制が何であっても，to に続く動詞の形は常に**原形**です。不定詞には以下の３つの用法があります。それぞれの用法によって表す意味や使われ方が異なります。

名詞用法　「…すること」
副詞用法　「…するために」
形容詞用法　「…するための」「…すべき」

Point ❷ 不定詞の名詞用法

不定詞の名詞用法は**「…すること」**という意味で，名詞と同じく文中で**主語**，**目的語**，**補語**になります。

To play baseball is exciting.
　　主語　　　　　　不定詞は単数扱いなので is
（野球をすることはわくわくします。）

He likes **to swim in the sea**.（彼は海で泳ぐのが好きです。）
　　　　目的語　「海で泳ぐこと」が like の目的語

My hobby is **to read history novels**.
　　　　　　補語　My hobby = to read history novels
（私の趣味は歴史の小説を読むことです。）

 注意！
不定詞は単数扱いになるので，不定詞を文の主語にする場合，be 動詞は is〔was〕，一般動詞の現在形の場合は３単現の -s がつく。

次に確認！

Point

1 〈to＋動詞の原形〉の形を不定詞という
主語の人称や時制にかかわらず to のあとの動詞は常に原形

2 不定詞の名詞用法（…すること）は名詞のはたらきをする

3 不定詞の否定は〈not＋to＋動詞の原形〉

■不定詞の名詞用法を目的語にとる代表的な動詞

want to＋動詞の原形	…したい（と思う）
like to＋動詞の原形	…するのが好きだ
begin〔start〕to＋動詞の原形	…し始める
try to＋動詞の原形	…しようと試みる
need to＋動詞の原形	…する必要がある

I want to play soccer in Spain.
（私はスペインでサッカーをしたいです。）

He likes to play games. （彼はゲームをするのが好きです。）

Akiko began to sing her favorite song.
（アキコはお気に入りの歌を歌い始めました。）

Point 3 不定詞の否定

「…しないこと」のように不定詞を否定の意味にするためには，to の前に not をつけて〈**not＋to＋動詞の原形**〉の形にします。不定詞のどの用法でも，否定の形は同じです。

The point is **not** to be late for class.
（大切なのは授業に遅刻しないことです。）

want to be ～ で「～になりたい」の意味になる。
I want to be an actor.
（私は俳優になりたいです。）

くわしく

主語が長い場合は代名詞 it を仮の主語に置き，不定詞を後ろにすることがある。
To communicate with people from other countries is my dream.
≒ It is my dream to communicate with people from other countries.
（他の国の人たちと意思の疎通をするのが私の夢です。）

Unit
9
不定詞と動名詞

52 不定詞の副詞用法

「…するために」

まずは音読！

> We have to get up early
> to take the first train.

アヤ：始発の電車に乗るために早起きしなきゃいけないわね。

Point 1 不定詞の副詞用法

　不定詞の副詞用法は「**…するために**」という '**動作の目的**' を表すのに使われます。副詞と同じく，動詞などを修飾するはたらきをします。

〔不定詞の内容は visit を修飾〕

I visited France **to see my friend**.

（私は友達に会うためにフランスを訪れました。）

　副詞用法でも「…しないために」と否定の意味を持たせる際は〈to＋動詞の原形〉の形の前に not を置きます。

Please take care **not** to catch a cold.

（かぜを引かないように気をつけてください。）

　副詞用法の不定詞の「…するために」という '目的' の意味を明確にするために **〈in order to＋動詞の原形〉** や **〈so as to＋動詞の原形〉** の形もよく使われます。

He studied hard in order to pass the entrance examination.

（彼は入試に合格するために一生懸命勉強しました。）

くわしく

否定の意味にする場合は，〈in order＋not＋to＋動詞の原形〉／〈so as＋not＋to＋動詞の原形〉になる。

She kept quiet <u>so as not to</u> wake up her baby.

（彼女は赤ちゃんを起こさないように静かにしていました。）

172

次に確認！

Point

1 不定詞の副詞用法（…するために）は副詞のはたらきをする

2 Why...?（なぜ…）に対する答えに〈To＋動詞の原形〜 .〉も使われる

3 不定詞の副詞用法は'感情の理由'や'判断の根拠'も表す

Point 2　Why...?（なぜ…）の応答

📖 Why を用いた疑問文（p.81）

疑問詞 Why を使って'理由'をたずねる疑問文は多くの場合 Because....（なぜなら…）で答えますが，<u>「…するためだ」</u>と'目的'を答える場合には不定詞の副詞用法を用いることがあります。

"Why did you go to Okinawa?" "To swim in the sea."
（「なぜ沖縄へ行ったのですか。」「海で泳ぐためです。」）

Point 3　'感情の理由'・'判断の根拠'を表す不定詞の副詞用法

不定詞の副詞用法は，直前の形容詞を修飾して<u>「…して〜だ」</u>という'感情の理由'や<u>「…するとは〜だ」</u>という'判断の根拠'を表すこともあります。

> 不定詞の内容は surprised になった理由

We were surprised <u>to hear the news</u>.

（そのニュースを聞いて私たちは驚きました。）

> 不定詞の内容は lucky と判断する根拠

You are lucky <u>to work with Mr. Suzuki</u>.

（鈴木さんと一緒に働けるなんて，あなたは幸運ですね。）

くわしく
'感情の理由'を表す不定詞の副詞用法でよく使われる形容詞
happy／glad／sorry／surprised

173

53 不定詞の形容詞用法
「…するための」「…すべき」

まずは音読！

We need to take something to drink.

トシ：何か飲むものを持っていく必要があるね。

Point ❶ 不定詞の形容詞用法

不定詞の形容詞用法は「…するための」「…すべき」という意味で，形容詞と同じく名詞を修飾するはたらきをします。ふつう形容詞は名詞の前にきますが，不定詞の形容詞用法は**名詞の後ろ**に置かれます。

He had no time to have lunch.

（彼は昼食をとるための時間がありませんでした。）

I have a lot of things to do.

（私にはやるべきことがたくさんあります。）

修飾される名詞と不定詞の関係は以下の3つに分けられます。

〈修飾される名詞が不定詞の動作をする人になる〉

He needs someone to help him with his work.
（彼は仕事を手伝ってくれる人を必要としています。）

〈修飾される名詞が不定詞の動詞の目的語になる〉

This museum has a lot of paintings to see.
（この美術館には見るべき絵がたくさんあります。）

〈不定詞が名詞の内容を説明する〉

He has a plan to travel abroad.
（彼には海外に旅行に行く計画があります。）

注意！
実際に英文を日本語に訳す際には内容に合わせて自然な日本語になるように工夫しよう。
She needs someone to help her.
（彼女には助けてくれる人が必要です。）

次に確認！

Point

1 不定詞の形容詞用法（…するための，…すべき）は形容詞のはたらきをする

2 〈不定代名詞（＋形容詞）＋to＋動詞の原形〉

3 〈to＋動詞の原形＋前置詞〉で後ろから修飾する

Point 2 不定代名詞を修飾する不定詞

　不定詞の形容詞用法は，something や anyone といった不定代名詞を修飾することもできます。それらの直後に不定詞を置き，後ろから修飾する形をとります。

He wants something to eat.

（彼は何か食べるものを欲しがっています。）

　不定代名詞を形容詞・不定詞どちらもが修飾する場合には，〈不定代名詞＋形容詞＋to＋動詞の原形〉の語順になることに注意しましょう。

I have something interesting to tell you.

（あなたに話したいおもしろいことがあります。）

Point 3 〈to＋動詞の原形＋前置詞〉

　不定詞の形容詞用法では〈to＋動詞の原形＋前置詞〉の形で後ろから前の名詞や不定代名詞を修飾することがあります。

There are no chairs to sit on in this room.

（この部屋には座るいすがありません。）

〈くわしく〉

something, anything
（何か）
everything（全部）
someone, somebody,
anyone, anybody（誰か）
everybody, everyone
（全員）
これらはすべて単数扱いで，形容詞とともに用いられる時は形容詞の前に置く。
There is something
wrong with this
computer.（このコンピューターはどこか調子がおかしい。）
📖 不定代名詞
（p.93～）

Unit
9
不定詞と動名詞

54 〈主語＋動詞＋目的語＋不定詞〉

〈want〔tell〕＋'人'＋to＋動詞の原形〉

まずは音読！

OK, children.
I want you to go to bed now.

All right.

お父さん：よし，みんな。もう寝るんだよ。
アヤ　　：わかったわ。

Point ❶ 〈主語＋動詞＋目的語＋不定詞〉

　want，tell，ask などの動詞を含む文では，〈主語＋動詞＋目的語〉の後ろに不定詞が続く場合があります。以下の2つの文を比較してみましょう。

I want **to go** to bed now.
（私はもう寝たいです。）

I want you **to go** to bed now.

　1つ目の文では主語は I なので，go to bed（寝る）の動作をするのは「私」となります。一方，2つ目の文では不定詞の前にある目的語の you が不定詞の**意味上の主語**となり，go to bed の動作をするのは「あなた」になります。そのため，「私はあなたにもう寝てほしいです」という意味になります。

　このように，〈主語＋動詞＋目的語＋不定詞〉の文では文頭の主語はあくまで want や tell などの動詞に対しての主語となり，不定詞で表される動作に対する主語は**直前にくる目的語**となります。この目的語にはふつう'人'を表す名詞や代名詞が入ります。人称代名詞の場合は目的格になる点に注意しましょう。

意味上の主語とは，不定詞の動作を誰〔何〕が行うかを表すもので，それが文の主語とは異なる場合に必要となる。

176

次に確認！

Point

1 〈主語＋動詞＋目的語＋不定詞〉
目的語に '人' が入り，不定詞の意味上の主語となる
〈want ～ to＋動詞の原形〉（～に…してもらいたい）
〈tell ～ to＋動詞の原形〉（～に…するように言う）など

■〈主語＋動詞＋目的語＋不定詞〉の代表的な表現

want ～ to＋動詞の原形	～に…してもらいたい
tell ～ to＋動詞の原形	～に…するように言う
ask ～ to＋動詞の原形	～に…するように頼む
would like ～ to＋動詞の原形	～に…してもらいたい
allow ～ to＋動詞の原形	～が…するのを許す
advise ～ to＋動詞の原形	～に…するように忠告する
order ～ to＋動詞の原形	～に…するように命じる

「写真を見せる」のは「彼女」
I **want** her **to show** me pictures of her trip.
（私は彼女に旅行の写真を見せてもらいたいです。）

「部屋を片付ける」のは「私」
My mother **told** me **to clean** my room.
（お母さんは私に部屋を片付けるように言いました。）

「窓を閉める」のは「タク」
Yumi **asked** Taku **to close** the window.
（ユミはタクに窓を閉めるよう頼みました。）

また，「～に…しないでほしい」のように否定の意味を表す場合は，不定詞の直前に not を置きます。

He told me **not** to eat too much.
（彼は私に食べすぎないように言いました。）

注意!
〈would like ～ to ＋動詞の原形〉は，〈want ～ to ＋動詞の原形〉よりもていねいな意味になる。
Would you like me to clean the room?
（私が部屋を掃除しましょうか。）

くわしく
help は〈help ～ to ＋動詞の原形〉で「～が…するのを手伝う」という意味になるが，しばしば to が省略され，〈help ～ ＋動詞の原形〉の形で使われる。
Ken helped me carry my baggage.（ケンは私が荷物を運ぶのを手伝ってくれました。）

Unit
9
不定詞と動名詞

177

まずは音読！

> It is important for you to get a good night's sleep.

> I know, Dad.

お父さん：夜しっかり眠ることが君たちには重要なんだ。
トシ　　：わかってるよ，お父さん。

Point ❶ 形式主語の it

　代名詞の it については，前に出たものを指す用法や，'天候'・'時間'などを表す文で使われる用法を学習しました。ここで新しく学習するのは，主語が長くなるのを避けるために形式的に主語として使われる it の用法です。これを**形式主語の it** と呼びます。

代名詞（p.28），
it の特別用法（p.92）

英語では主語が長くなりすぎることを避ける傾向があるんだ

他の部分に比べ主語が長い

To have breakfast every morning is important.

→　It is important to have breakfast every morning.
形式主語
（朝食を毎朝食べることは大切です。）

Point ❷ 不定詞の意味上の主語

　形式主語の it を用いた文で，不定詞で表された内容の動作の意味上の主語を示す際には，不定詞の直前に **〈for ＋'人'〉** を置きます。

意味上の主語
（p.176）

「フランス語を話す」のは「私」

It is very difficult for me to speak French.
（私にとってフランス語を話すことはとても難しいです。）

鉛筆 次に確認！

🔍 **Point**

1 主語が長くなるのを避けるために形式主語の it が置かれる

2 〈it is＋形容詞＋ for〔of〕〜＋不定詞〉
for〔of〕〜は不定詞の意味上の主語を表す

　不定詞の意味上の主語は基本的に〈for ＋ '人'〉を使いますが，kind や polite など**人の性質や態度に対する評価を表す形容詞**に不定詞が続く場合には **of** を用います。

It is kind of her to lend me her textbook.
（教科書を私に貸してくれるなんて彼女は親切です。）

　人の性質や態度に対する評価を表す形容詞としては，good，kind，nice，clever，wise，foolish，stupid，polite，rude，brave などがよく使われます。

くわしく
人の性質を表す文では，人を主語にして書き換えることができる。

Unit
9
不定詞と動名詞

Z会
質問コーナー **Q** 意味上の主語に for と of どちらを使えばいいかわかりません。
A 形容詞が何に対する評価を表しているか考えましょう。

形式主語の it を用いた文で，不定詞の意味上の主語は for か of を使って表すことを学びました。
It is good for you to save money. （貯金することはあなたにとってよいことです。）
It is wise of you to save money. （貯金しているなんてあなたは賢いですね。）
1つ目の文では「貯金すること」という<u>行為自体</u>に対する評価を表しているのに対し，2つ目の文では「貯金をしているあなた」というように行為を通して<u>その人に対する評価</u>を述べています。行為に対する評価には for，人に対する評価には of と考えるとよいでしょう。

1. 次の日本文と同じ意味を表すように，英文中の空所に適当な語を入れなさい。

(1) 父は野球の試合を見るのが好きです。

My father （　　　　　　　） （　　　　　　　　　　） watch baseball games.

(2) 午後はどこに行きたいですか。

Where do you （　　　　　　　）（　　　　　　　　　）（　　　　　　　）
in the afternoon?

(3) 彼の夢は宇宙飛行士になることです。

His dream is （　　　　　　　） （　　　　　　　　　　） an astronaut.

→51

2. 次の英文中のカッコの中から適当なものを選び，○で囲みなさい。

(1) 彼らは食べ物を買いにその店に行きました。

They went to the store (buy ; to buy ; to bought) some food.

(2) 「ボブはなぜ家を早く出たのですか。」「始発列車に乗るためです。」

"Why did Bob leave home early?"

"(Take ; To take ; Taking) the first train."

(3) 彼女は空港でトムに会って驚きました。

She was surprised (see ; to see ; seeing) Tom at the airport.

→52

3. 次の日本文と同じ意味を表すように，カッコ内の語句を並べかえなさい。

(1) 長野には登る山がたくさんあります。

There are [climb / in / many / mountains / to] Nagano.

There are ＿＿＿＿＿＿＿＿＿＿＿＿＿＿＿＿＿＿＿ Nagano.

(2) 彼らは外国人と話す機会がありませんでした。

They had no [chance / foreigners / talk / to / with].

They had no ＿＿＿＿＿＿＿＿＿＿＿＿＿＿＿＿＿＿＿.

(3) 何か熱い飲み物をいただけますか。

May I have [drink / hot / something / to]?

May I have _____?

→53

4. 次の日本文と同じ意味を表すように，英文中の空所に適当な語を入れなさい。

(1) 母はいつも私にドアを静かに閉めるように言います。

My mother always tells（　　　　　）（　　　　　）
close the door gently.

(2) 彼はお兄さんに自分のことを心配しないように頼みました。

He（　　　　　）his brother（　　　　　）（　　　　　）
worry about him.

→54

5. 形式主語の it を用いて，次の日本文と同じ意味を表すように，英文を完成させなさい。

(1) 毎日英語を勉強することが大切です。

_____ English every day.

(2) スマートフォンで電子メールを送るのは簡単ですか。

_____ on a smartphone?

(3) トムにとって日本語で歌を歌うのは難しくありません。

_____ songs in Japanese.

→55

Unit
9
不定詞と動名詞

56 〈疑問詞＋不定詞〉
〈how to＋動詞の原形〉 / 〈what to＋動詞の原形〉など

まずは音読！ アヤのカメラ

Do you know how to use this camera?

Yes. I'll show you.

トシ：このカメラをどうやって使えばいいかわかる？
アヤ：うん。あなたに教えてあげるわ。

Point 1 〈how to＋動詞の原形〉 / 〈what to＋動詞の原形〉

〈疑問詞＋不定詞〉 の形は「どのように〔何を〕…したらよいか」などの意味を表します。〈疑問詞＋不定詞〉のかたまりで名詞のはたらきをし，文の中で主語や目的語，補語になります。

〈how to＋動詞の原形〉 は，「どのように…したらよいか」「…の仕方」という意味を表します。

このかたまりが know の目的語に

Do you know **how to use** this camera?
疑問詞＋不定詞
（このカメラをどのように使えばいいか〔このカメラの使い方が〕わかりますか。）

このかたまりが文の補語に

The question is **how to improve** your English.
（問題はどのようにあなたの英語力を向上させるかです。）

〈what to＋動詞の原形〉 は，「何を…したらよいか」という意味を表します。

I can't decide what to wear today.
（今日何を着たらいいか決められません。）

She asked me what to buy for his birthday.
（彼女は，彼の誕生日に何を買えばいいか私に聞きました。）

くわしく

what と不定詞の間に名詞が入って 〈what＋名詞＋不定詞〉「どんな～を…したらよいか」となることもある。
I don't know what color to use.
（私は何色を使えばいいのかわかりません。）

次に確認！

Point

1 〈how to＋動詞の原形〉／〈what to＋動詞の原形〉
「どのように…したらよいか」／「何を…したらよいか」

2 〈when〔where, which〕to＋動詞の原形〉
「いつ〔どこで／どれを〕…したらよいか」

3 〈疑問詞＋不定詞〉⇔ 間接疑問〈疑問詞＋主語＋動詞〉

Point **2** 〈when〔where, which〕to＋動詞の原形〉

　他にも，when や where，which などの疑問詞を使っ
て，〈疑問詞＋不定詞〉の形を作ることができます。**〈when
to＋動詞の原形〉** は 「いつ…したらよいか」，**〈where to
＋動詞の原形〉** は 「どこで〔どこへ〕…したらよいか」，
〈which to＋動詞の原形〉 は 「どれを…したらよいか」 を
表します。

　Could you tell me when to start?
　（いつ出発したらいいか教えていただけますか。）

　I didn't know where to go next.
　（私は次にどこへ行けばいいかわかりませんでした。）

　You have to decide which to choose.
　（あなたはどちらを選ぶか決めなければいけません。）

Point **3** 〈疑問詞＋不定詞〉⇔ 間接疑問

　〈疑問詞＋不定詞〉の形は，間接疑問〈疑問詞＋主語＋
動詞〉でも表すことができます。間接疑問の場合は，「…
したらよいか」を表すのに助動詞 should などを入れます。

　I don't know where to go.
　（私はどこへ行ったらいいかわかりません。）

　≒ I don't know where I should go.

くわしく
〈who to＋動詞の原
形〉「誰を…したらよ
いか」
I am wondering who
to invite.
（私は誰を招待したら
いいか考えています。）

くわしく
〈which＋名詞＋不定
詞〉「どちらの〜を…
したらよいか」
Do you know which
bus to take?
（どちらのバスに乗れ
ばいいか知っています
か。）

📖 間接疑問
　　（p.162〜）

Unit
9
不定詞と動名詞

57 不定詞を用いた表現

〈too 〜 to＋動詞の原形〉／〈〜 enough to＋動詞の原形〉

まずは音読！

This camera is too difficult for me to use.

Oh, is it?

トシ：このカメラは難しすぎて，僕には使えないよ。
アヤ：あら，そう？

Point 1 〈too 〜 to＋動詞の原形〉

　不定詞を使って，'程度'を表すことができます。**〈too 〜 to＋動詞の原形〉** という表現は，**「あまりにも〜なので…できない」** という否定を含む意味を表します。too のあとには**形容詞**や**副詞**が入ります。

I am **too** tired to do my homework tonight.
　　too ＋形容詞 ＋不定詞
（私はあまりにも疲れているので今夜は宿題ができません。）

　文の主語と不定詞の動作を行う人が異なる場合は，「**誰が**…できない」かをはっきり示すために，不定詞の前に**〈for ＋'人'〉**を入れます。

目的格（me）にすること

This camera is too difficult **for me** to use.
（このカメラは難しすぎて私には使えません。）

She talked too fast for him to understand.
（彼女はあまりに速く話したので，彼には理解できませんでした。）

Point 2 〈〜 enough to＋動詞の原形〉

　〈〜 enough to＋動詞の原形〉 という表現は，**「十分〜なので…できる」** という意味を表します。enough の前には**形容詞**や**副詞**が入ります。too が「度を越している」と

くわしく

too は「あまりにも〜すぎる」という意味を表す副詞。(p.110)

注意！

不定詞の前に入る〈for ＋'人'〉は，不定詞の意味上の主語という。
(p.176)

Point

1 〈too 〜 to＋動詞の原形〉
「あまりにも〜なので…できない」（'程度'を表す）

2 〈〜 enough to＋動詞の原形〉
「十分〜なので…できる」（'程度'を表す）

3 '程度'を表す不定詞の表現⇔ so 〜 that ... の書き換え

いうニュアンスなのに対して，enough は「適当な程度」というニュアンスです。文の主語と不定詞の動作を行う人が異なる場合は，不定詞の前に <u>〈for ＋ '人'〉</u> を入れます。

The computer was light **enough for me** to carry easily.
　　　　　　　　　形容詞＋ enough ＋for ＋ '人' ＋不定詞
（そのコンピューターは十分軽いので私は簡単に運べました。）

Please speak loud **enough** for my grandfather to hear.
（私のおじいさんにも聞こえるよう大きな声で話してください。）

Point 3 so 〜 that ... への書き換え

〈too 〜 to＋動詞の原形〉や〈〜 enough to＋動詞の原形〉
の表現は so 〜 that ... を使っても表すことができます。

The tea was too hot for me to drink.
（そのお茶は熱くて私は飲めませんでした。）

> 節の中は「…できない」の意味

≒ The tea was so hot that I couldn't drink <u>it</u>.

That bench is strong enough for five people to sit on.
（あのベンチは5人の人が座れるくらい丈夫です。）

≒ That bench is so strong that five people can sit on <u>it</u>.

> 節の中は「…できる」の意味

くわしく
enough が名詞を修飾する場合は，〈enough ＋名詞〉の語順になる。We had enough money to take a taxi to the station.
（私たちは駅までタクシーで行くだけのお金を持っていました。）

Unit **9** 不定詞と動名詞

so 〜 that ...
(p.119)

注意！
that が導く節では動詞のあとに<u>目的語</u>が必要。
○ The tea was so hot that I couldn't drink it.
× The tea was so hot that I couldn't drink.

185

まずは音読！

I enjoy taking pictures
when I go somewhere.

アヤ：私はどこかに行く時，写真を撮るのを楽しむの。

Point ① 動名詞は動詞に **-ing** をつける

動名詞は動詞に -ing がついた形です。進行形の時に学習した形と同じですね。ただし，使い方が違うので注意が必要です。

現在進行形

Aya **is taking** pictures now.
（アヤは今，写真を撮っています。）

進行形は 〈be 動詞＋動詞の…ing 形〉 でしたね。「写真を撮っている」 という進行中の動作を表します。

一方，動名詞は**名詞のはたらき**をして，「…**すること**」という意味を表します。

動名詞

Aya enjoys **taking** pictures.
主語　　動詞　　　　目的語
（アヤは写真を撮ることを楽しみます。）

動名詞は名詞の役割をしますが，動詞としての性質も持っているので，例文の taking pictures（写真を撮ること）のように目的語を続けることができます。

📖 動詞の…ing 形の作り方（p.47）

注意！
動名詞は動詞と同じく修飾語（句）をつけることもできる。

次に確認！

Point

１ 動名詞は動詞に -ing をつける
「…すること」という意味を表す

２ 動名詞は名詞のはたらきをする
文の主語，目的語，補語になる

Point ２ 動名詞は名詞のはたらきをする

　動名詞は名詞のはたらきをするので，文の**主語**や**目的語**，
補語になることができます。

文の主語
Eating too much is not good for your health.
（食べすぎは健康によくありません。）

文の目的語
Hiroto practices **speaking** English every day.
（ヒロトは毎日英語を話す練習をしています。）

文の補語
My hobby is **listening** to music.
（私の趣味は，音楽を聞くことです。）

Unit 9 不定詞と動名詞

注意！
動名詞が文の主語になる場合は単数扱い。
Reading books is important for us.
（本を読むことは私たちにとって大切です。）

注意！
必ずしも「…すること」と訳さなくてよいので，自然な訳にしよう。

**Z会
質問コーナー** **Q** 動名詞と不定詞の名詞用法は何か違うのですか。
A 名詞のはたらきをする点では，どちらも同じです。

　不定詞も名詞のはたらきをする用法がありましたね（p.170〜）。どちらも同じように
名詞のはたらきをしますが，ニュアンスが少し違います。不定詞は<u>未来</u>について表す
イメージ，動名詞は<u>過去〜現在</u>について表すイメージです。
I want <u>to take</u> pictures of Mt. Fuji.（私は富士山の写真を撮りたいです。）
I like <u>taking</u> pictures of Mt. Fuji.（私は富士山の写真を撮るのが好きです。）
不定詞の方は「これから富士山の写真を撮りたい」というニュアンス，動名詞の方は「富
士山の写真を撮ったことがあって，撮るのが好き」というニュアンスです。

まずは音読！

I am good at taking photos.

アヤ：私は写真を撮るのが上手なのよ。

Point ❶ 動名詞は前置詞の目的語になる

動名詞は名詞のはたらきをするので，**前置詞の目的語**としても使うことができます。前置詞の目的語とは，前置詞のあとにくる語句のことです。

前置詞の目的語
I am good at <u>soccer</u>. （私はサッカーが上手です。）

この soccer が入る位置に，動名詞を入れることができます。

前置詞の目的語
I am good at **taking** photos.
（私は写真を撮るのが上手です。）

前置詞が表す意味と結びつくので，前置詞の意味もよく考えましょう。

They learnt Kanji by writing them.
（彼らは書くことで漢字を覚えました。）

Bob came into the room without saying hello.
（ボブは「こんにちは」も言わずに部屋に入ってきました。）

 前置詞（p.130〜）

注意！

不定詞は前置詞の目的語にならない。
○I am good at <u>taking</u> photos.
×I am good at <u>to take</u> photos.

注意！

after や before が前置詞として使われる場合，動名詞はその目的語にもなる。
<u>After coming</u> back to Japan, Jun wrote a letter to Kate.
（日本に帰ってきたあと，ジュンはケイトに手紙を書きました。）

次に確認！

Point

1 動名詞は前置詞の目的語になる

2 〈前置詞＋動名詞〉でよく使われる表現
be good at …ing （…するのが上手だ）
be fond of …ing （…するのが好きだ）
be interested in …ing （…することに興味がある）　など

Point 2 〈前置詞＋動名詞〉でよく使われる表現

　〈前置詞＋動名詞〉の形でよく使われる決まった表現が
あります。ここで紹介しますので，そのままの形で覚えて
しまいましょう。

■ 〈前置詞＋動名詞〉を含む表現

be good at …ing	…するのが上手だ
be fond of …ing	…するのが好きだ
be interested in …ing	…することに興味がある
How〔What〕about …ing?	…するのはどうですか
look forward to …ing	…するのを楽しみにする
thank you for …ing	…してくれてありがとう

Sachi is fond of **taking a walk along the river**.
（サチは川沿いを散歩するのが好きです。）

I am looking forward to **seeing you again**.
（またあなたに会うのを楽しみにしています。）

How about **going out for dinner**?
（夕食に出かけるのはどうですか〔夕食に出かけませんか〕。）

Thank you for **coming today**.
（今日は来てくれてありがとうございます。）

注意！

look forward to は あ
とに動名詞や名詞が続
く。不定詞にしないよ
う注意。

Unit
9
不定詞と動名詞

189

60 不定詞と動名詞
不定詞を目的語にとる動詞／動名詞を目的語にとる動詞

まずは音読！

Don't forget to take your camera.

I know, Dad.

お父さん：カメラを持って行くのを忘れないようにね。
アヤ　　：わかってるわ，お父さん。

　不定詞も動名詞も動詞の目的語になることができますが，動詞によって不定詞または動名詞しか目的語にしないものがあります。ここで整理しましょう。

不定詞の名詞用法
　　　　　　　　（p.170）
動名詞（p.186）

Point ❶　不定詞も動名詞も目的語にとる動詞

like ／ love ／ begin ／ start など

不定詞と動名詞どちらを目的語にしても，文の意味がほぼ変わらない動詞です。

David likes cooking and Lisa likes eating.

David likes to cook and Lisa likes to eat. 意味はほぼ同じ
（デイビッドは料理をするのが好きで，リサは食べるのが好きです。）

forget ／ remember ／ try など

不定詞と動名詞どちらを目的語にとるかで，意味が異なる動詞です。

不定詞と動名詞の
ニュアンスの違い
（p.187）

これから会う
Remember to meet her at ten o'clock.
（彼女と 10 時に会うことを忘れないでください。）

すでに会った
I remember meeting her at the office.
（彼女に事務所で会ったことを覚えています。）

次に確認！

Point

1 不定詞も動名詞も目的語にとる動詞
like ／ begin ／ forget ／ remember など

2 不定詞だけを目的語にとる動詞
decide ／ plan ／ hope ／ want ／ wish など

3 動名詞だけを目的語にとる動詞
enjoy ／ finish ／ mind ／ practice ／ stop など

Point **2** 不定詞だけを目的語にとる動詞

decide ／ plan ／ hope ／ want ／ wish など

不定詞だけを目的語にとる動詞は，「これから先にすること」を目的語にとる動詞が多いです。

I hope to see you again.（また会えるといいですね。）

Point **3** 動名詞だけを目的語にとる動詞

enjoy ／ finish ／ mind ／ practice ／ stop など

動名詞だけを目的語にとる動詞は，「今していること」や，「以前やったこと，以前からやっていること」を目的語にとる動詞が多いです。

Jim stopped talking with her when I entered the room.
（私が部屋に入ると，ジムは彼女と話すのをやめました。）

注意！
〈stop to＋動詞の原形〉で「…するために立ち止まる」の意味になる。
He stopped to talk to her.
（彼は彼女に話しかけるために立ち止まりました。）

Unit
9
不定詞と動名詞

Z会
質問コーナー

Q 「目的語にとる」という意味がわかりません。

A シンプルに「動詞の目的語になる」と考えましょう。

難しく考える必要はありません。目的語は動詞のあとにきて，「〜を」「〜に」という動作の対象を表す要素でしたね（p.23）。このレッスンでは，動名詞か，不定詞か，どちらを目的語にするかが動詞によって違う，という話なのです。
enjoy のあとには動名詞が，wish のあとには不定詞がきますね。これをそれぞれ「目的語に動名詞／不定詞をとる」というのです。

1. 次の日本文と同じ意味を表すように，英文中の空所に適当な語を入れなさい。

(1) 駅までの行き方を教えていただけますか。

Could you tell me （　　　　　　） （　　　　　　） get to the station?

(2) 私はその男性にどこできっぷを買えばいいかたずねました。

I asked the man （　　　　　　） （　　　　　　） buy the ticket.

(3) 鎌倉に行くのにどの電車に乗ればいいのかわかりません。

I don't know （　　　　　） （　　　　　） （　　　　　） take to go to Kamakura.

→**56**

2. 次の日本文と同じ意味を表すように，英文中の空所に適当な語を入れなさい。

(1) 彼はあまりにも眠くてその本を読めませんでした。

He was （　　　　　　） sleepy （　　　　　　） read the book.

(2) そのかばんはあまりにも値段が高くて私には買えません。

The bag is （　　　　　） expensive that （　　　　　） can't buy （　　　　　）.

(3) この英語の本はとても簡単なので彼女にも読むことができます。

This English book is easy （　　　　　） for （　　　　　） （　　　　　） read.

→**57**

3. 次の日本文と同じ意味を表すように，英文中の空所に適当な語を入れなさい。

(1) 私の趣味は写真を撮ることです。

My hobby is （　　　　　） pictures.

(2) 私の姉は先週スキーを楽しみました。

My sister enjoyed （　　　　　） last week.

(3) 外国語を学ぶことはとても楽しいです。

(　　　　　　　　　) foreign languages (　　　　　　　　) a lot of fun.

→ 58

4. 次の日本文と同じ意味を表すように，英文を完成させなさい。

(1) マリコは彼女に会うのを楽しみにしています。

Mariko is _____ her.

(2) 結婚式に招待してくれてありがとう。

_____ me to your wedding.

(3) その中華料理店で昼食をとるのはどうですか。

_____ lunch at the Chinese restaurant?

→ 59

5. 次の英文中のカッコの中から適当なものを選び，○で囲みなさい。

(1) 私は手紙を書き終えたあとで，ピアノを弾く練習をしました。

After I finished (write ; to write ; writing) the letter, I practiced (play ; to play ; playing) the piano.

(2) その雑誌を読みたいので，帰りに忘れずに買ってきてください。

I want (read ; to read ; reading) the magazine, so please remember (buy ; to buy ; buying) it on your way home.

(3) 祖母はテレビを見るのが大好きです。

My grandmother (enjoys ; likes ; want) to watch TV very much.

→ 60

Unit
9
不定詞と動名詞

1. (1) likes ; to　　　　　　(2) want ; to ; go〔visit〕

(3) to ; be〔become〕

2. (1) to buy

(2) To take ◁ Why...? の問いに '目的' を答える不定詞 ▷

(3) to see

3. (1) many mountains to climb in

(2) chance to talk with foreigners

(3) something hot to drink ◁〈不定代名詞＋形容詞＋不定詞〉▷

4. (1) me ; to　　　　　　(2) asked ; not ; to

5. (1) It is important to study

(2) Is it easy to send e-mail(s)〔an e-mail〕

(3) It is not difficult for Tom to sing

◁ 不定詞の意味上の主語は〈for＋'人'〉で表す ▷

1. (1) how ; to　　　　　　(2) where ; to

(3) which〔what〕; train ; to ◁ 疑問詞のあとに名詞を続ける ▷

2. (1) too ; to　　　　　　(2) so ; I ; it

(3) enough ; her ; to ◁〈for＋'人'〉を不定詞の前に置く ▷

3. (1) taking　　　　　　(2) skiing

(3) Learning〔Studying〕; is ◁ be 動詞が is になることに注意 ▷

4. (1) looking forward to seeing ◁ to see としないよう注意 ▷

(2) Thank you for inviting

(3) How about having〔eating〕

5. (1) writing ; playing　　　(2) to read ; to buy

(3) likes

◁〈remember to＋動詞の原形〉「忘れずに…する」▷

Unit
10 比　較

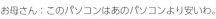 **まずは音読！** 家族でパソコンを買いに来ました

> This PC is
> cheaper than that one.
> Wow, it's nice!

お母さん：このパソコンはあのパソコンより安いわ。
お父さん：ああ、いいね！

Point 1 比較級の作り方

　AとBの2つを比べて，**「AのほうがBより…だ」** のように表す時は，**比較級**を使います。比較級は，**形容詞や副詞の語尾に -er** をつけるのが基本です。比較的長い語は，形はそのままで前に **more** をつけます。

■比較級の作り方

ほとんどの語	-er をつける	cheap → cheaper fast → faster
語尾が -e で終わる語	-r をつける	large → larger nice → nicer
語尾が〈子音字＋y〉で終わる語	語尾の y を i に変えて -er をつける	easy → easier early → earlier
語尾が〈短母音＋子音字〉で終わる語	語尾の子音字を重ねて -er をつける	big → bigger hot → hotter
比較的長い語	前に more をつける	famous → **more famous** quickly → **more quickly**

 注意！
形容詞や副詞の中には，比較級がまったく違う形になるものもある。（p.198）

くわしく
2音節の単語の大部分と，3音節以上の単語は more がつくと考えよう。

Point 2 〈比較級＋than ～〉の表現

　2つを比べて「～より…だ」という場合は，**〈比較級＋than ～〉** という形で表します。

History is more difficult for me than math.
（私にとっては歴史のほうが数学より難しいです。）

Is this PC cheaper than that one?
（このパソコンはあのパソコンよりも安いですか。）

 注意！
<u>one</u>（＝ PC）は前に出てきた名詞と同じ種類のものを指す不定代名詞。（p.94）

Point

1 比較級の作り方

形容詞や副詞の語尾に –er をつけるのが基本
比較的長い語の場合は前に more をつける

2 〈比較級＋than 〜〉の表現

「〜より…だ」

〈比較級＋名詞＋ than 〜〉の形にもできる

Takeshi has <u>more</u> <u>books</u> than Naoki.
（タケシはナオキより多くの本を持っています。）

You can play the guitar better than I（can）.
（あなたは私よりもギターを上手に弾くことができます。）

比較の対象が明らかな場合は，than 〜の部分が省略されることもあります。

「今よりも」ゆっくり，という意味
が明らかなので than 以降は省略

Please speak more slowly.
（もう少しゆっくり話してください。）

注意!

many の比較級は
<u>more</u>。
well の比較級は
<u>better</u>。

Unit
10
比
較

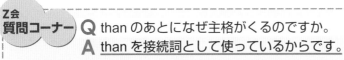

Z会
質問コーナー

Q than のあとになぜ主格がくるのですか。

A <u>than を接続詞として使っているからです。</u>

He has more books than I（do）.
（彼は私よりたくさんの本を持っています。）
この文は〈He has books〉と〈I have books〉を比べていると考えられます。
つまり，He has more books than <u>I have books</u>. が省略された形です。
ただし，最後が I などの主格で終わるのは非常にかたい表現で，あまり使われていません。ふつうは than I do とします。また，日常会話では目的格にして He has more books than <u>me</u>. とする形が好まれます。than を前置詞として使っているのですね。

197

62 最上級

〈the＋最上級〉「最も…だ」

Dad! This is the newest model of all.

トシ：お父さん！　これが全部の中で一番新しいモデルだよ！

Point ❶　最上級の作り方

3つ以上の中で**「最も…だ」**のように表す時は，**最上級**を使います。

■最上級の作り方

ほとんどの語	-est をつける	cheap → cheap**est** fast → fast**est**
語尾が -e で終わる語	-st をつける	large → large**st** nice → nice**st**
語尾が〈子音字＋y〉で終わる語	語尾の y を i に変えて -est をつける	easy → eas**iest** early → earl**iest**
語尾が〈短母音＋子音字〉で終わる語	語尾の子音字を重ねて -est をつける	big → big**gest** hot → hot**test**
比較的長い語	前に most をつける	famous → **most** famous quickly → **most** quickly

形容詞や副詞の語尾に -est をつけるのが基本で，比較的長い語は，前に most をつけるよ

形容詞や副詞の中には比較級・最上級がまったく違う形になるものもあります。

原級	比較級	最上級
good（よい）／ well（上手に）	better	best
bad（悪い）／ ill（病気の）	worse	worst
many, much（多くの）	more	most
little（少しの）	less	least

次に確認！

Point

1 最上級の作り方
形容詞や副詞の語尾に –est をつけるのが基本
比較的長い語の場合は前に most をつける

2 〈the＋最上級〉の表現
「最も…だ」

Point 2 〈the＋最上級〉の表現

　3 つ以上の中で「最も…だ」という場合は，**〈the＋最上級〉**という形で表します。〈the＋最上級〉のあとに名詞を続けることができます。

This is **the newest model** of all.
（これが全部の中で最も新しいモデルです。）

　最上級は，**of ～**や**in ～**など「どの中で最も…か」を表す表現とよく一緒に使われます。of のあとには **「3」以上の数字を含む名詞や '複数' を表す代名詞**が続きます。一方，in のあとには地名など **'範囲' を表す名詞**が続きます。

This is the newest model **of the three**.
（これが 3 つの中で最も新しいモデルです。）

This is the newest model **in the shop**.
（これがその店で最も新しいモデルです。）

　　　副詞の最上級の場合，the は省略できる

Tom runs (the) fastest in our class.
（トムが私たちのクラスで最も足が速いです。）

Ms. Smith is the best teacher in my school.
（スミス先生が私の学校で最もよい先生です。）

He drove the car (the) most carefully of the four.
（彼はその 4 人の中で最も慎重にその車を運転しました。）

くわしく
of は比べている対象の個々と比較するニュアンス，in は比べている対象が所属するグループ・範囲内で比較するニュアンスになる。

the newest model
of the three
↓

the newest model
in the shop
↓

Unit
10
比較

まずは音読！

Which do you like better, this or that?

I can't decide!

アヤ　　　：これとあれ，どちらが好き？
お父さん：決められないよ！

Point ❶ 疑問詞を用いた比較級・最上級の表現

「どちらがより…ですか」「どれが最も…ですか」とたずねる場合は，疑問詞 Which（'人' の場合は Who）を使います。

"Which do you like better, coffee or tea?"

"I like tea better."
（「コーヒーと紅茶のどちらが好きですか。」
「紅茶のほうが好きです。」）

"Who gets up earlier, your father or your mother?"

"My father does."
（「お父さんとお母さんのどちらが早く起きますか。」「父です。」）

"Which was the most interesting of these three books?" "This one was."
（「これらの 3 冊の本の中でどれが最もおもしろかったですか。」
「これでした。」）

"Who can sing (the) best in your class?" "Satomi can."
（「クラスで誰が一番歌を上手に歌えますか。」「サトミです。」）

Point ❷ 比較級を修飾する表現

比較級を強めて「〜よりずっと…だ」という場合は，very ではなく **much** や **far** を比較級の前に置きます。

 Which 〜 , A or B?（p.75）

注意！
like A better than B
（B より A のほうが好きだ）
like A(the)best
（A が一番好きだ）
I like peaches (the) best of all fruit.
（私はすべての果物の中で桃が一番好きです。）

くわしく
具体的な差を表す時は，数値などを比較級の直前に置く。
Bob is three years older than Kei.
（ボブはケイよりも 3 歳年上です。）

Point

1 疑問詞を用いた比較級・最上級の表現
「どちらがより…ですか」「どれが最も…ですか」

2 比較級を修飾する表現
much ／ far ／ a little

3 比較級・最上級を用いた表現
more than ～／〈比較級＋and＋比較級〉／ most of ～など

This coin is much older than that one.
（このコインはあのコインよりずっと古いです。）

一方，差が小さいことを表す場合は，比較級の前に

a little を置きます。

Aya is a little taller than Toshi.
（アヤはトシより少し背が高いです。）

Unit
10
比
較

Point **3** 比較級・最上級を用いた表現

more than ～	～より多い
比較級＋and＋比較級	ますます～
do one's best	～の最善をつくす
most of ～	～のほとんど，たいていの～
one of the＋最上級	最も～なうちの１つ

I have more than ten pens in my pencil case.
（私は筆箱に 10 本より多く〔11 本以上〕のペンを持っています。）

My dog became bigger and bigger.
（私の犬はますます大きくなりました。）

The players did their best in the match.
（選手たちは試合で最善をつくしました。）

Most of the students in my class joined the camp.
（私のクラスのほとんどの生徒がキャンプに参加しました。）

She is one of the most popular singers in the world.
（彼女は世界で最も人気のある歌手のうちの１人です。）

 most of ～ のあとには，冠詞などがつかない不特定の名詞はこない。

 more than ～ は「～より多い」を意味するので，more than 10 pens であれば「11 本以上」を意味する。

 〈one of the＋最上級〉のあとに続く名詞は複数形になる。

201

まずは音読！

> ## This PC works as well as that one.
>
> ### Really?

店員　：このパソコンはそのパソコンと同じくらい性能がいいですよ。
お父さん：本当ですか。

Point ❶ 〈as＋形容詞〔副詞〕＋as 〜〉の表現

　AとBの2つを比べて，**「A は B と同じくらい…だ」**と表す時は，**〈as ＋形容詞〔副詞〕＋ as 〜〉** という<u>原級</u>を用いた表現を使います。原級は形容詞や副詞に何もつかない状態のもののことです。

　Your fingers are as long as Aya's（fingers）.
　（あなたの指はアヤの指と同じくらいの長さです。）

　〈as＋形容詞＋as 〜〉の形容詞のあとに名詞などを続けることもできます。最初の as のあとに形容詞だけでなく**〈形容詞＋名詞〉**の形がくることに注意しましょう。

　I have as many books as he（does）.
　（私は彼と同じくらいの数の本を持っています。）

　否定の文は**「〜ほど…ではない」**の意味になります。

　My bag is not as big as yours.
　（私のかばんはあなたのほど大きくありません。）

Point ❷ 原級を用いた表現

　〈as ＋形容詞〔副詞〕＋as〉の形を含んだ表現に，**〈as … as ＋〜＋ can〉「できるだけ…」** があります。これは **as … as possible** と表すこともできます。

注意！
Your fingersとAya's fingers の比較なので，as の あ と は Aya's（fingers）。as long as Aya としないこと！

くわしく

名詞が単数形の場合は〈as ＋形容詞＋a〔an〕＋名詞〉になる。語順に注意すること。
She is as nice a person as Kumi.
（彼女はクミと同じくらいいい人です。）

次に確認！

Point

1 〈as＋形容詞〔副詞〕＋as 〜〉の表現
「〜と同じくらい…だ」

2 原級を用いた表現
〈as ... as ＋〜＋ can〉／ as ... as possible

3 倍数表現
〈X times as＋形容詞〔副詞〕＋as〉

Please come here as soon as you can.
（できるだけ早くここに来てください。）

≒ Please come here as soon as possible.

Point 3 倍数表現

「A は B の X 倍…だ」と倍数を表す場合は，原級を使っ
て〈**X times as＋形容詞〔副詞〕＋as**〉の形にします。「2
倍」は twice，「3 倍」以降は three times，four times …
と表します。

This new machine can produce ten times as much

power as the old one.
（この新しい機械は古い機械の 10 倍の電力をつくることができ
ます。）

くわしく
「〜の半分」を表す場
合は half を使う。
My room is half as
large as yours.
（私の部屋はあなたの
部屋の半分の広さで
す。）

Unit
10
比較

Z会
質問コーナー　**Q** 中学生同士の年齢を比べても old を使うのですか。
　　　　　　　 A 使います。old は単純に '年齢' を意味します。

中学生同士で同じ年だと言いたい時でも I am <u>as old as</u> you.（私はあなたと同じ年で
す。）と old を使います。
この old は単純に '年齢' を意味するのです。3 才の子供に年をたずねる時も "How
<u>old</u> are you?"（何歳ですか。）と言いますね。How <u>young</u> are you? とは言いません。
それと同じです。
同様に，たとえ背が高くない人同士でも <u>as tall as</u> になりますし，どんなにせまい部
屋でも <u>as large as</u> になります。

まずは音読！

> **This PC is not as expensive as that one.**

> **That's nice!**

店員　　：このパソコンはあのパソコンほど高くありません。
お父さん：それはいいですね！

Point ① 比較級⇔原級の書き換え

　２つのものや人を比べる時，どちらを主語にするか，つまりどちらに注目するかによって，比較表現が変わります。

That PC is more expensive than **this one**.
（あのパソコンはこのパソコンより高いです。）

this PC　　　　that PC

３万円　　　　　　５万円

　この文で「このパソコン」を主語にすると，「あのパソコンより高くない〔安い〕」ということになります。これは，〈**not ＋ as ＋形容詞〔副詞〕＋as ～**〉「～ほど…ではない」を使って表すことができます。

≒ **This PC is** not as expensive as **that one**.
（このパソコンはあのパソコンほど高くありません。）

≒ **This PC is** cheaper than **that one**.
（このパソコンはあのパソコンより安いです。）

Satoshi came home earlier than **Miho**.
（サトシはミホよりも早く帰宅しました。）

≒ **Miho** didn't come home as early as **Satoshi**.
（ミホはサトシほど早く帰宅しませんでした。）

≒ **Miho** came home later than **Satoshi**.
（ミホはサトシより遅く帰宅しました。）

📖 〈as＋形容詞〔副詞〕＋as ～〉（p.202）

注意！
反対の意味の形容詞を使った比較
Aya is taller than Toshi.
（アヤはトシより背が高いです。）
≒ Toshi is shorter than Aya.
（トシはアヤより背が低いです。）

✎ **次に確認！**

🔍 **Point**

1 比較級⇔原級の書き換え
「AはBより…だ」⇔「BはAほど…ではない」

2 最上級⇔比較級の書き換え
「Aは最も…だ」
⇔「Aは他のどの〜よりも…だ」
⇔「他のどの〜もAほど…ではない」

Point 2 最上級⇔比較級の書き換え

次に，最上級の表現を見てみましょう。

Russia is the largest country in the world.
（ロシアは世界で最も大きな国です。）

この文は，「ロシアは他のどの国よりも大きい」と考えることもできます。これを表すのが 〈**比較級＋than any other＋単数名詞**〉「他のどの〜よりも…だ」です。

Russia is larger than any other country in the world.
（ロシアは世界の他のどの国よりも大きな国です。）

もう1つは，「他の国」を主語にして「他のどの国もロシアほど大きくない」と考えます。これを表すのが 〈**No other＋単数名詞＋比較級＋than A**〉「他のどの 〜 もAほど…ではない」という表現です。

No other country in the world is larger than Russia.
（世界の他のどの国もロシアほど大きくありません。）

Shun can run the fastest in my class.
（クラスでシュンが一番速く走ることができます。）

Shun can run faster than any other student in my class.
（シュンはクラスの他のどの生徒よりも速く走ることができます。）

No other student in my class can run faster than Shun.
（クラスの他のどの生徒もシュンほど速く走ることができません。）

 注意！
than any other 〜 や
No other 〜のあとには単数名詞が入る。「ロシア」と「他の国1つ1つ」を比べていると考えよう。

Unit 10 比較

この3つの言い方をしっかり覚えておこう

1. 次の英文中のカッコの中の語を適当な形に直しなさい。（2語で表す場合もあります。）

(1) 私の弟はタクヤより年下です。

My brother is (young) than Takuya. （　　　　　　　）

(2) 父は私よりも上手に料理ができます。

My father can cook (well) than I can. （　　　　　　　）

(3) あなたはもっと注意深く教科書を読むべきです。

You should read the textbook (carefully). （　　　　　　）

→**61**

2. 次の日本文と同じ意味を表すように，英文中の空所に適当な語を入れなさい。

(1) この辞書は3冊の中で一番役に立ちます。

This dictionary is the (　　　　　　　) (　　　　　　　)

(　　　　　　　) the three.

(2) 私の家族では母が最も早起きです。

My mother gets up the (　　　　　　　) (　　　　　　　) my

family.

(3) 彼はヨーロッパで最もよいサッカー選手です。

He is (　　　　　　) (　　　　　　　) soccer player

(　　　　　　　) Europe.

→**62**

3. 次の日本文と同じ意味を表すように，英文中の空所に適当な語を入れなさい。

(1) あなたは犬とネコのどちらが好きですか。

Which do you like (　　　　　　　), dogs (　　　　　　　)

cats?

(2) 今日は昨日よりもずっと暑いです。ますます暑くなってきています。

Today is (　　　　　　) (　　　　　　　) than yesterday.

It is getting (　　　　　　) and (　　　　　　　).

(3) 私たちのほとんどがその事実を知りませんでした。

(   ) (   ) (   ) didn't

know the fact.

→63

4. 次の日本文と同じ意味を表すように，英文を完成させなさい。

(1) 私たちの先生は，私の父と同じ年齢です。

Our teacher is ＿＿＿＿＿＿＿＿＿＿＿＿＿＿＿ my father.

(2) 彼は私の3倍の数のCDを持っています。

He has ＿＿＿＿＿＿＿＿＿＿＿＿＿＿＿ CDs as I do.

(3) ディックは昨日，ケイトと同じくらい熱心に勉強をしました。

Dick ＿＿＿＿＿＿＿＿＿＿＿＿＿＿＿ Kate yesterday.

(4) 私はできるだけたくさんの本を読みたいです。

I want to read ＿＿＿＿＿＿＿＿＿＿＿＿＿＿＿.

→64

Unit
10
比較

5. 次の各組の英文がほぼ同じ内容になるように，空所に適当な語を入れなさい。

(1) My bag is heavier than yours.

Your bag is not as (   ) (   ) (   ).

(2) Math is more difficult for me than English.

English is (   ) for me (   ) math.

(3) Shinano River is the longest in Japan.

① Shinano River is (   ) than (   )

(   ) river in Japan.

② No (   ) (   ) in Japan is

(   ) than Shinano River.

→65

1. (1) younger ⟨「年下」→「〜より若い」⟩　(2) better
　　(3) more carefully

2. (1) most ; useful ; of　　(2) earliest ; in ⟨in は '範囲' を表す⟩
　　(3) the ; best ; in

3. (1) better ; or　　(2) much ; hotter ; hotter ; hotter
　　(3) Most ; of ; us

4. (1) as old as　　(2) three times as many
　　(3) studied as hard as
　　(4) as many books as possible〔I can〕⟨最初の as のあとに many books を入れること⟩

5. (1) heavy ; as ; mine ⟨「あなたのかばんは私のほど重くありません。」という文に⟩
　　(2) easier ; than ⟨「私にとって英語のほうが数学より簡単です。」という文に⟩
　　(3) ① longer ; any ; other ⟨「信濃川は日本の他のどの川よりも長いです。」という文に⟩
　　　　② other ; river ; longer ⟨「日本の他のどの川も, 信濃川ほど長くありません。」という文に⟩

Unit 11

受動態

まずは音読！ 美術館の見学

Look. This picture was painted by Picasso.

ガイド：見てください。この絵はピカソによって
描かれました。

Point ❶ 動詞には過去分詞という形がある

ここで学習する受動態では，動詞の**過去分詞**という形を使います。過去形と同様，過去分詞も規則動詞と不規則動詞で作り方が違います。

注意！
動詞の形
⇒現在形（p.36 〜）
⇒過去形（p.38 〜）
⇒…ing 形（p.47）

■規則動詞の過去分詞

原形	過去形	過去分詞
play	played	played
live	lived	lived
study	studied	studied
stop	stopped	stopped

過去形と同じで -ed〔-d〕をつける

注意！
過去分詞の作り方は規則動詞の過去形と同じルール。（p.38）

■不規則動詞の過去分詞

	パターン	原形	過去形	過去分詞
原形・過去形・過去分詞が同じ形	A-A-A 型	cut（〜を切る）	cut	cut
		put（〜を置く）	put	put
原形と過去分詞が同じ形	A-B-A 型	come（来る）	came	come
		run（走る）	ran	run
過去形と過去分詞が同じ形	A-B-B 型	buy（〜を買う）	bought	bought
		make（〜を作る）	made	made
原形・過去形・過去分詞が異なる形	A-B-C 型	speak（話す）	spoke	spoken
		write（〜を書く）	wrote	written

不規則動詞活用一覧（p.268）

大きく 4 つのパターンに分けることができるよ。音声も聞いて確認しよう！

✎ 次に確認！

Point

1 動詞には過去分詞という形がある
規則動詞の過去分詞は原形に -ed〔-d〕をつける
不規則動詞の過去分詞は動詞によって形が異なる

2 受動態は〈be 動詞＋過去分詞（＋by＋行為者）〉
「（〜によって）…される」

Point 2 受動態〈be 動詞＋過去分詞（＋by＋行為者）〉

「**〜が…される**」という表現を**受動態〔受け身〕**といいます。受動態は〈**be 動詞＋過去分詞**〉の形で表すことができます。「誰によって」という '動作をする人' を明らかにする場合は，そのあとに〈**by＋行為者**〉を続けます。

This picture <u>**was painted**</u> <u>**by Picasso**</u>.
　　　　　　be 動詞＋過去分詞　　by ＋行為者
（この絵はピカソによって描かれました。）

「ピカソがこの絵を描きました」という，「誰がどうする」の文は，**能動態**といいます。

Picasso **painted** this picture.
　主語　　　動詞　　　目的語

能動態にすると，Picasso がこの文の主人公になりますね。一方，受動態の文では，This picture が文の主人公となり，「ピカソ」と「絵」のどちらに注目するかが変わってくるのです。

Ms. Smith is respected by many students.
（スミス先生は多くの生徒から尊敬されています。）

My bicycle was stolen yesterday.
（昨日私の自転車が盗まれました。）

Unit
11

受動態

くわしく

助動詞を含む受動態の場合は，be 動詞は原形の be になる。
The report <u>must be sent</u> by Friday.
（そのレポートは金曜日までには発送されなくてはいけません。）

まずは音読！

When was this picture drawn?
In 1920.

アヤ　：この絵はいつ描かれたのですか。
ガイド：1920 年です。

Point ① 受動態の疑問文

　受動態の疑問文は，ふつうの be 動詞の疑問文と同じように be 動詞を主語の前に出して **〈be 動詞＋主語＋過去分詞〜 ?〉** の形で表します。

These pictures were taken by Mr. Kimura.
（これらの写真は木村氏によって撮られました。）

➡ "Were these pictures taken by Mr. Kimura?"

"Yes, they were. ／ No, they weren't."
（「これらの写真は木村氏によって撮られたのですか。」
「はい，そうです。／いいえ，違います。」）

疑問詞を用いた疑問文は，疑問詞を文の先頭に置きます。
"When was this picture drawn?" "In 1920."
（「この絵はいつ描かれたのですか。」「1920 年です。」）

"Where was your bicycle stolen?"

"In front of the supermarket."
（「あなたの自転車はどこで盗まれたのですか。」
「スーパーマーケットの前です。」）

"What language is spoken in Brazil?" "Portuguese is."
（「ブラジルでは何の言語が話されていますか。」
「ポルトガル語です。」）

📖 be 動詞の現在形
（p.34 〜）
📖 be 動詞の過去形
（p.42 〜）

📖 疑問詞を用いた疑問文 (p.74 〜)

くわしく

「誰によって」の部分をたずねる場合，Who was this window closed by?（この窓は誰によって閉められたのですか。）とすることもできるが，ふつうは Who closed this window?（誰がこの窓を閉めましたか。）と能動態でたずねることが多い。

✎ 次に確認！

🔍 Point

1 受動態の疑問文
〈be 動詞＋主語＋過去分詞～ ？〉
〈疑問詞＋be 動詞＋主語＋過去分詞～ ？〉

2 受動態の否定文
〈主語＋be 動詞＋not＋過去分詞～ .〉

Point 2 　受動態の否定文

　受動態の否定文は，be 動詞のあとに not を置いて，<u>〈主
語＋be 動詞＋not＋過去分詞～ .〉</u> の形で表します。

This machine was invented by Dr. White.
（この機械はホワイト博士によって発明されました。）

➡ This machine was not invented by Dr. White.
（この機械はホワイト博士によって発明されたのではありません。）

Your computer is not broken.
（あなたのコンピューターは壊れていません。）

> **くわしく**
> 助動詞を含む受動態の
> 否定文では，〈助動詞
> ＋ not ＋ be ＋過去分
> 詞〉の形になる。
> This work <u>will not be</u>
> <u>finished</u> in a week.
> （この仕事は1週間で
> は終わらないでしょ
> う。）

Unit
11
受動態

Z会
質問コーナー 　**Q** 疑問詞を用いた受動態を作ろうとすると混乱します。
　　　　　　　 A <u>文の要素をしっかりおさえましょう。</u>

語順がわからなくなってしまったら，次のステップで考えましょう。
①知りたい部分は □？ にして，〈主語＋be 動詞＋過去分詞〉の文を作ります。
　 □？ is invited to the party.（ □？ がパーティーに招待されています。）
　The party was held □？ .（パーティーは □？ で開かれました。）
②主語を聞きたい場合は 〈疑問詞（＝主語）＋ be 動詞＋過去分詞〉，それ以外は 〈疑問
　詞＋be 動詞＋主語＋過去分詞〉 の語順にします。
　<u>Who is invited</u> to the party?（誰がパーティーに招待されていますか。）
　<u>Where was</u> the party <u>held</u>?（パーティーはどこで開かれましたか。）

Many people love Picasso.

Yes. Picasso is loved by many people.

アヤ　：多くの人はピカソが大好きですね。
ガイド：そうですね。ピカソは多くの人に愛されています。

Point ❶ 受動態⇔能動態の書き換え

　目的語がある能動態の文（～が…する）と受動態の文（～が…される）はお互いに書き換えることができます。

〈能動態〉 **Many people love Picasso.**

〈受動態〉 **Picasso is loved by many people.**
　　　　（ピカソは多くの人に愛されています。）

①能動態の文の目的語（Picasso）を受動態の主語にします。

②能動態の文の動詞（love）を〈be 動詞＋過去分詞〉の形にします。

③能動態の文の主語（Many people）を by ～の形にして表します。

He wrote this poem.（彼がこの詩を書きました。）

➡ This poem was written by him.
（この詩は彼によって書かれました。）

Did your father repair the car?
（あなたのお父さんがその車を修理したのですか。）

➡ Was the car repaired by your father?
（その車はあなたのお父さんによって修理されたのですか。）

注意！

受動態⇔能動態を書き換えるとほぼ同じ意味を表すが，Many people と Picasso のどちらを主語にするかによって注目させたい対象が変わるので注意が必要。

注意！

by ～にくる語が代名詞の場合，目的格を用いる。
× This poem was written by he.

次に確認！

Point

1 受動態⇔能動態の書き換え
能動態の文の目的語を主語にする
能動態の文の主語を by 〜の形にする

2 行為者が不特定の人々の場合は by 〜を省略できる

Point 2 by 〜の省略

行為者が**不特定の人々**の場合や，わざわざ言わなくても

わかる場合は，by 〜の部分を省略することができます。

People speak English and French in Canada.

➡ English and French are spoken in Canada.
（カナダでは英語とフランス語が話されています。）

この場合，カナダで英語とフランス語を話す人々は不特

定多数なので，受動態の文では by people を省略できます。

They sell many kinds of T-shirts at that store.

➡ Many kinds of T-shirts are sold at that store.
（たくさんの種類の T シャツがあの店で売られています。）

この文の場合，主語の They は店員であることが明らか

なので，受動態の文では by them を省略できます。

'一般の人'を表す
we ／ you ／ they
（p.92）

Z会
質問コーナー **Q** 自動詞の文は受動態にできないのですか。
A 目的語をもたない文は受動態にできません。

受動態になる文は，他動詞を含む文，つまり動詞のあとに目的語が続く文です。
We walked in the park.（私たちは公園を歩きました。）
「公園を」という日本語から目的語だと思ってしまいますが，in the park は副詞句で，
目的語ではありません。したがって，The park was walked by us. という文にはでき
ません。ただし，同じ〈動詞＋前置詞〉の形でも，そのまとまりで 1 つの動詞のはた
らきをする句動詞は受動態にできます。くわしくは p.218 で学習します。

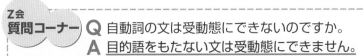

69 受動態を用いた表現

by を使わない受動態／'感情'を表す受動態

まずは音読！

> Picasso's art is known to the whole world.

アヤ：ピカソの芸術作品は世界中に知られているのね。

Point 1 by を使わない受動態

〈be 動詞＋過去分詞＋by ～〉の他に，さまざまな前置詞とともに使われる受動態の慣用表現があります。例えば，be known to ～は「～に知られている」という意味で，by ではなく to が使われます。このような受動態の表現をここでまとめて紹介します。

■ 〈be 動詞＋過去分詞＋ by 以外の前置詞 ～〉の表現

be covered with ～	～で覆われている
be filled with ～	～でいっぱいである
be known to ～	～に知られている
be caught in ～	～（雨など）にあう
be made of〔from〕～	～でできている

The top of Mt. Fuji was covered with snow.
（富士山の山頂は雪で覆われていました。）

The ramen shop was filled with people.
（そのラーメン店は人でいっぱいでした。）

「生まれる」「死ぬ」「けがをする」など，自分の意志ではどうにもできないことも，英語では受動態で表します。
He was killed in the accident.（彼は事故で亡くなりました。）

くわしく

This chair is made of wood.
（このいすは木でできています。）→材料(木)が残っている
This paper is made from wood.
（この紙は木からできています。）→原料(木)が変化している
「～（製品）になる」は be made into ～。
These grapes were made into wine.
（これらのぶどうはワインになりました。）

216

次に確認！

Point

1 **by を使わない受動態**
be covered with ～／ be filled with ～／
be known to ～など

2 **'感情'を表す受動態**
be interested in ～／ be pleased with ～／
be surprised at〔by〕～など

I was born in Fukuoka in 2000.
（私は 2000 年に福岡で生まれました。）

Jun was injured in the soccer game.
（ジュンはサッカーの試合でけがをしました。）

Point **2**　'感情'を表す受動態

　'感情'などを表す場合も，英語では受動態で表すことがよくあります。これは，「('人'を)～な気持ちにさせる」という意味の動詞を受動態にして，「～な気持ちにさせられる」という形で表すからです。

くわしく

surprise（～を驚かす）
→ be surprised at ～
（～に驚かされる
＝～に驚く）

Unit
11

受動態

■ '感情'を表す受動態の表現

be excited at〔about〕～	～に興奮する〔わくわくする〕
be interested in ～	～に興味がある
be pleased with ～	～を喜んでいる〔気に入っている〕
be satisfied with ～	～に満足している
be surprised at〔by〕～	～に驚く

The children were excited at the show.
（子供たちはショーに興奮していました。）

I was surprised at the size of the hamburger.
（私はそのハンバーガーの大きさに驚きました。）

まずは音読！

> These paintings are looked after by a lot of staff members.
> I see.

ガイド：これらの絵はたくさんのスタッフによって管理されています。
アヤ　：そうなんですか。

Point 1 句動詞の受動態

〈動詞＋前置詞〉の形など，2語以上で1つの動詞のはたらきをする**句動詞〔群動詞〕**の文を受動態にする場合は，そのかたまりをくずさないようにします。

📖 句動詞〔群動詞〕
(p.138)

look after ～（～の世話をする）の形はそのまま！

These paintings <u>are looked after</u> by a lot of staff members.
（これらの絵はたくさんのスタッフによって管理されています。）

look after ～を1つの動詞のかたまりとして考えて，be looked after ～という受動態にします。読む時には after と by の間で1拍空けるとわかりやすいですね。

speak to ～（～に話しかける）

〈能動態〉A man spoke to me at the station.
　　　　（男の人が駅で私に話しかけてきました。）

〈受動態〉I was spoken to by a man at the station.
　　　　（私は駅で男の人に話しかけられました。）

Point 2 目的語が2つある文の受動態

〈主語＋動詞＋目的語＋目的語〉（第4文型）の文は，2つある目的語それぞれを主語にして受動態の文を作ることができます。

📖 〈主語＋動詞＋目的語＋目的語〉(p.150)

✎ 次に確認！

🔍 Point

1️⃣ 句動詞の受動態はかたまりをくずさない

2️⃣ 目的語が 2 つある文はふつう 2 通りの受動態ができる

3️⃣ 目的語のあとに補語が続く文の受動態
目的語を主語にして〈be 動詞＋過去分詞＋補語〉を続ける

Dad　gave　me　the computer.
[主語]　[動詞]　[目的語]　　[目的語]
（父は私にコンピューターをくれました。）

〈me が主語に〉

I was given **the computer** by Dad.
（私は父にコンピューターをもらいました。）

〈the computer が主語に〉

The computer was given to me by Dad.

〈to を入れて「〜に」の意味に〉

（そのコンピューターは父から私に与えられました。）

注意！
〈主語＋動詞＋目的語
＋for 〜〉の形をとる
動詞は '人' を主語に
した受動態にできない
ものが多い。(p.150)
Mom bought me the
cake.
（母は私にケーキを
買ってくれました。）
→○The cake was
bought for me by
Mom.
→×I was bought the
cake by Mom.

Point 3　目的語のあとに補語が続く文の受動態

〈主語＋動詞＋目的語＋補語〉（第 5 文型）の文は，目
的語を主語にして受動態の文を作ります。補語は〈be 動
詞＋過去分詞〉のあとに続けます。

She　calls　him　Ken.（彼女は彼をケンと呼びます。）
[主語]　[動詞]　[目的語]　[補語]

〈him が主語に〉

He is called **Ken** by her.
（彼は彼女にケンと呼ばれています。）

 〈主語＋動詞＋目
的語＋補語〉(p.152)

注意！
補語を主語にすること
はできない！
× Ken is called 〜.

Unit
11
受動態

219

1. 次の英文中のカッコ内の語を適当な形に変えなさい。

(1) 佐藤先生はすべての生徒に愛されています。

Mr. Sato ①(be) ②(love) by all the students.

①(　　　　　　　　) ②(　　　　　　　　)

(2) この小説は太宰治によって書かれました。

This novel ①(be) ②(write) by Dazai Osamu.

①(　　　　　　　　) ②(　　　　　　　　)

(3) これらの絵はピカソによって描かれました。

These pictures ①(be) ②(draw) by Picasso.

①(　　　　　　　　) ②(　　　　　　　　)

→66

2. 次の文をカッコ内の指示にしたがって書き換えなさい。

(1) This computer is used by my father.（否定文に）

_____

(2) This photo was taken by Yuki.（疑問文に）

_____

(3) This castle was built in 1346.（下線部をたずねる文に）

_____

→67

3. 次の各組の英文がほぼ同じ内容になるように，空所に適当な語を入れなさい。

(1) They speak Spanish in Spain.

Spanish (　　　　　　　) (　　　　　　　) in Spain.

(2) Did they sell apples at that store?

(　　　　　　　) apples (　　　　　　　) at that store?

(3) Ted broke this vase yesterday.

This vase （　　　　　　）（　　　　　　　　）（　　　　　　　　） Ted

yesterday.

→68

4. 次の日本文と同じ意味を表すように，英文中の空所に適当な語を入れなさい。

(1) その丘は花で覆われています。

The hill is （　　　　　　　）（　　　　　　　　　） flowers.

(2) この机は木製ですか。

（　　　　　　　　） this desk （　　　　　　　）（　　　　　　）

wood?

(3) エジソンは子供の頃，科学に興味がありました。

Edison was （　　　　　　　）（　　　　　　　　　） science when

he was a child.

→69

5. 次の日本文と同じ意味を表すように，英文を完成させなさい。

(1) 子供たちはおばあさんに世話をされました。

The children ＿＿＿＿＿＿＿＿＿＿＿＿＿＿＿＿＿＿＿＿＿＿＿

their grandmother.

(2) この犬は彼らにマックス（Max）と呼ばれています。

This dog ＿＿＿＿＿＿＿＿＿＿＿＿＿＿＿＿＿＿＿＿＿＿＿＿.

(3) 私は兄にその話をしてもらいました。

I was ＿＿＿＿＿＿＿＿＿＿＿＿＿＿＿＿＿＿＿＿ my brother.

→70

Unit
11
受動態

1. (1) ① is 　　　　② loved

(2) ① was 　　　② written ◁ write の過去分詞は written

(3) ① were 　　② drawn

2. (1) This computer is not used by my father.

元は「このコンピューターは父に使われています。」という文

(2) Was this photo taken by Yuki?

元は「この写真はユキによって撮られました。」という文

(3) When was this castle built? ◁ 「この城はいつ建てられましたか。」という文に

3. (1) is ; spoken 　　　　　　(2) Were ; sold

(3) was ; broken ; by

4. (1) covered ; with 　　　　　(2) Is ; made ; of ◁ 「木製」→「木で作られている」

(3) interested ; in

5. (1) were taken care of 〔looked after〕 by

(2) is called Max by them

(3) told the story by ◁ 目的語が2つある文の受動態

Unit
12

現在完了

71 '完了・結果' を表す現在完了

「…したところだ」「…してしまった」

まずは音読！ 外から帰宅したお父さんが困っています

I have lost my pen.

Really?

お父さん：僕のペンをなくしてしまったんだ。
お母さん：本当？

Point ① 現在完了は〈have〔has〕＋過去分詞〉で表す

〔→〕過去分詞（p.210）

　現在完了は日本語ではあまりなじみのない表現です。「過去」に起きたことが **「今」に影響している**と話者が思う時に使われます。例えば「ペンをなくした」という場合，過去形を使って表しますね。

〔→〕過去形（p.38～）

　I lost my pen.（私は自分のペンをなくしました。）

　過去形は**過去の事実だけ**を表すので，「今はどうなのか（ペンは見つかったのか）」はわかりません。

　一方，現在完了は「ペンをなくした（今もなくて困っている）」という，**「過去」と「今」のつながり**を表すことができます。現在完了は〈**have〔has〕＋過去分詞**〉という形で表します。

　I have lost my pen.
　（私は自分のペンをなくしてしまいました。）

注意！
現在完了の have には「～を持っている」などの意味はないが主語が3人称単数の時には has になる。
He has lost his pen.
（彼は自分のペンをなくしてしまいました。）

Point ② '完了・結果' を表す現在完了

　現在完了には **「(今)…したところだ」「…してしまった（その結果，今…だ）」** という '**完了・結果**' を表す用法があります。この意味をはっきり表す **just（ちょうど）**や **already（もう〔すでに〕）**などの副詞がよく使われます。

注意！
just や already はふつう have〔has〕のあとに置く。

次に確認！

Point

1 現在完了は 〈have〔has〕＋過去分詞〉で表す

2 '完了・結果' を表す現在完了
「…したところだ」「…してしまった」

3 疑問文〈Have〔Has〕＋主語＋過去分詞 ～（＋yet）?〉
否定文〈主語＋have〔has〕not ＋過去分詞 ～（＋yet）.〉

I have just finished my homework.
（私はちょうど宿題を終えたところです。）

He has already left the office.
（彼はすでに会社を出ました。（今，会社にいません。））

Point 3 '完了・結果' を表す現在完了の疑問文・否定文

　'完了・結果' を表す現在完了の文を疑問文にする時は，have〔has〕を主語の前に出して **〈Have〔Has〕＋主語＋過去分詞 ～ ?〉** の形にします。「もう…しましたか」という意味を表し，文末に **yet** がよく置かれます。

　Have you taken a bath yet?（もうおふろに入りましたか。）

　⇒「はい」の時〈Yes, 主語＋have〔has〕.〉

　　Yes, I have.（はい，入りました。）

　⇒「いいえ」の時〈No, 主語＋have〔has〕not.〉

　　No, I have not〔haven't〕.（いいえ，入っていません。）

　否定文にする時は，**〈主語＋have〔has〕not＋過去分詞 ～ .〉** の形にします。「まだ…していない」という意味を表し，ここでも文末に **yet** がよく置かれます。

　He has not arrived at the station yet.
（彼はまだ駅に到着していません。）

注意!
短縮形
I have = I've
she has = she's
一般動詞の have は短縮できない。
○ I have a dog.
（私は犬を飼っています。）
× I've a dog.

Unit 12
現在完了

くわしく
会話では短く "No, not yet." と答えることもある。

注意!
yet は疑問文で「もう」，否定文で「まだ」の意味を表す。
already（もう）は肯定文で使われる。

まずは音読！

Have you seen my pen?

No, I haven't.

お父さん：僕のペンを見たことある？
お母さん：いいえ，見たことないわ。

Point 1 '経験'を表す現在完了

現在完了には **「(今までに)…したことがある」** という **'経験'** を表す用法もあります。「過去にしたことが今の自分の経験になっている」という，「過去」と「今」のつながりを表します。

'経験'を表す現在完了では **'回数'** や **'頻度'** を表す副詞（句）がよく使われます。

文末に置く語（句）	before(以前)，once(1回)，twice(2回)，〜times(〜回)，many times(何回も)
have〔has〕のあとに置く語（句）	often(しばしば，何度も)，sometimes(時々)

Nancy has won the prize twice.
（ナンシーはその賞を2回とったことがあります。）

My parents have often taken me to jazz concerts.
（両親は私をジャズコンサートへ連れて行ってくれたことが何度もあります。）

Point 2 '経験'を表す現在完了の疑問文・否定文

「(今までに)…したことがありますか」と'経験'をたずねる場合は，**〈Have〔Has〕＋主語（＋ever）＋過去分詞〜？〉** の形で表します。この疑問文では副詞の **ever**(今

注意！
「1回」は once，「2回」は twice だが，「3回」以降は〈数字＋times〉で表す。
I have seen the movie three times.
（私はその映画を3回見たことがあります。）

次に確認！

Point

1 ‘経験’を表す現在完了
「(今までに)…したことがある」

2 疑問文〈Have〔Has〕＋主語(＋ever)＋過去分詞〜 ?〉
否定文〈主語＋have〔has〕(＋never)＋過去分詞〜 .〉

までに)がよく使われ，過去分詞の前に置かれます。

"Have you ever climbed Mt. Fuji?"

"Yes, I have. ／ No, I haven't."
(「あなたは今までに富士山に登ったことがありますか。」
「はい，あります。／いいえ，ありません。」)

「何回〔どれくらい〕…したことがありますか」と‘回数’や‘頻度’をたずねる場合は，疑問文の先頭に **How many times** や **How often** を置きます。

"How many times have you been to Kyoto?"

"I have been there five times."
(「あなたは京都に何回行ったことがありますか。」「5回です。」)

"How often have you visited Tomoko's house?"

"I have visited only once."
(「あなたはどれくらいトモコの家に行ったことがありますか。」
「一度だけです。」)

否定文では not の代わりに **never(一度も…ない)** を用いて〈主語＋**have〔has〕**＋**never**＋過去分詞〜 .〉(一度も…したことがない)という形をよく使います。

I have never traveled by plane.
(私は一度も飛行機で旅行したことがありません。)

I have never seen Mr. Yamada.
(私は山田さんに会ったことがありません。)

くわしく
「いいえ」と答える時に No, I never have. と言うこともできる。

注意！
be動詞の過去分詞は been になる。
have〔has〕been to 〜
(〜へ行ったことがある)(p.230)

Unit
12
現在完了

73 ‘継続’を表す現在完了

「(今まで) ずっと…している」

まずは音読！

> ## Have you been home all day?

> ## No, I haven't.

お母さん：今日は一日ずっと家にいたの？
お父さん：ううん，いなかったよ。

Point ❶ ‘継続’を表す現在完了

現在完了には**「(今まで)ずっと…している」**という**‘継続’**を表す用法もあります。「過去から現在まで‘動作’や‘状態’が続いている」という，「過去」と「今」のつながりを表します。

I have lived in Kyoto for five years.
（私は京都に5年間住んでいます。）

for five years（5年間）

過去　　　ずっと住んでいる　　　今　　　　未来

‘継続’を表す現在完了は **for ～（～の間）**や **since ～（～から，～以来）** などとともによく使われます。for のあとには **‘期間’を表す語句**が続き，since のあとにはそれが始まった **‘起点’を表す語句**が続きます。

‘期間’を表す

I have practiced the piano for **ten years**.
（私は10年間ピアノを練習しています。）

‘起点’を表す

My father has been busy since **last Monday**.
（私の父は先週の月曜日から忙しいです。）

くわしく

‘動作’を表す動詞を‘継続’の現在完了で使う場合は，現在完了進行形にすることが多い。（p.232）

くわしく

since のあとには節を続けることもできる。
I've known him since I was a child.
（私は子供の時から彼とは知り合いです。）

228

次に確認！

Point

1 '継続' を表す現在完了

「(今まで) ずっと…している」

for ～（～の間）／ since ～（～から，～以来）

2 疑問文〈How long ＋ have〔has〕＋主語＋過去分詞
　　　　～ ?〉

否定文〈主語＋have〔has〕not ＋過去分詞(＋'期間' など)～.〉

Point 2 '継続' を表す現在完了の疑問文・否定文

<u>「どのくらいの間…していますか」</u> と '継続' の期間を

たずねる場合は，疑問文の先頭に **How long** を置きます。

　"How long have you lived in Nagoya?"
　（「あなたは名古屋にどのくらい住んでいますか。」）

　"I have lived there for six years."（「6 年間です。」）

　"I have lived there since 2007."（「2007 年からです。」）

'継続' を表す現在完了の否定文は <u>「ずっと…していな</u>

<u>い」</u> という意味を表します。

　My grandfather has not smoked for over fifteen years.
　（私の祖父は 15 年以上たばこを吸っていません。）

I haven't seen her since last year.
（私は昨年から彼女に会っていません。）

<くわしく

その他の疑問詞を用い
た '継続' を表す現在
完了の疑問文
"Where have you
been?" "I've been in
my room."
（「今までにどこにいたの
ですか。」「自分の部屋
にいました。」）

Unit
12

現在完了

**Z会
質問コーナー** Q for と since の使い分けがわかりません。

A <u>for は '期間'，since は '起点' を表します。</u>

'継続' を表す現在完了とともに使われる for と since は，それぞれ <u>'期間'</u> と <u>'起点'</u>
を表します。for は時間の <u>「幅」</u>，since は時間の <u>「点」</u> とイメージしましょう。
It has been rainy <u>for a week</u>.（1 週間ずっと雨が降っています。）
It has been rainy <u>since last Monday</u>.（先週の月曜日からずっと雨が降っています。）

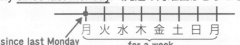

74 注意が必要な現在完了の表現
現在完了を用いた慣用表現／現在完了と一緒に使えない語句

まずは音読！ お父さんはどこでペンをなくしたのでしょう

> Where have you been?
>
> I have been to the library.

お母さん：どこに行ってきたの？
お父さん：僕は図書館に行ってきたんだ。

Point 1 have been to ～／ have gone to ～

have been to ～ は「**～に行ったことがある（経験），～に行ってきたところだ（完了）**」の意味を表します。

また，**have gone to ～** は「**～に行ってしまった（なので今ここにはいない）**」の意味を表します。

> 図書館に行って，戻ってきた
>
> I have been to the library.
> （私は図書館に行ってきました。）
>
> 図書館に行ったのでここにはいない
>
> My father has gone to the library.
> （私の父は図書館に行ってしまいました。）

> "Have you ever been to Europe?"
>
> "No, I never have." 〈経験〉
> （「ヨーロッパに行ったことがありますか。」
> 「いいえ，一度もありません。」）
>
> "Where have you been?"
>
> "I've been to the bookstore." 〈完了〉
> （「どこへ行ってきたのですか。」「書店に行ってきました。」）

Point 2 「…してから～（期間）たつ」

「**…してから～たつ**」という表現は，〈**～ have passed since ＋主語＋動詞～.**〉という形で表すことができます。

注意!

have gone to ～は「ここにはいない」ことを表すので，主語がⅠやweの文ではふつう使われない。

次に確認！

Point

1 have been to ～／ have gone to ～
「～に行ったことがある」／「～に行ってしまった」

2 「…してから～（期間）たつ」
〈～ have passed since＋主語＋動詞～.〉
〈It has been ～ since＋主語＋動詞～.〉

3 現在完了と一緒に使えない語句

過去形になる

Five years have passed since we **moved** here.
（私たちがここに引っ越してから 5 年がたちます。）

5年前　　　　　　　　今　　　　　未来

five years

we moved here

「5 年前」（起点）の出来事を過去形で表し，そこからどれくらいの期間がたったかを表します。〈**It has been ～ since＋主語＋動詞～.**〉という形でも表すことができます。

It has been five years since we **moved** here.

Point 3 現在完了と一緒に使えない語句

現在完了は「過去」と「今」をつなぐ表現なので，**過去の 1 時点や 1 期間をはっきり表す語句**と一緒に使うことはできません。

> then（その時）／ last night（昨夜）／ yesterday（昨日）／ ～ ago（～前）／ just now（たった今）／ when や what time を使った文など

I **didn't** eat anything yesterday.
（私は昨日何も食べませんでした。）

since yesterday の形では使うことができる

I **haven't eaten** anything since yesterday.
（私は昨日から何も食べていません。）

Unit
12
現在完了

注意！

just は現在完了の文で使えるが，just now は使えない。
I have just finished dinner.
（ちょうど夕食を終えました。）
I finished dinner just now.
（ついさっき夕食を終えました。）

231

75 現在完了進行形

「ずっと…している」

まずは音読！

> I have been looking for my pen since this morning.
> How about going to the library again?

お父さん：僕は今朝からずっと自分のペンを探しているんだ。
お母さん：もう一度図書館に行ってみたら？

Point ❶ 現在完了進行形 〈have〔has〕been＋…ing〉

現在完了には'継続'を表す用法がありましたが，もう1つ，〈**have〔has〕been＋…ing**〉という表現も「**ずっと…している**」という'継続'の意味で使うことができます。

「（今）…しているところだ」を表す現在進行形〈be 動詞の現在形＋…ing〉が現在完了になった表現です。

| 過去 | 今 | 未来 |

I have been looking for my pen.　　I am looking for my pen.

「その動作がずっと続いている」という'継続'の意味を強く表す表現なので，**'動作'を表す動詞**で使われます。'状態'を表す動詞はこの形を使うことができません。

My brother has been watching TV since one o'clock.
（私の兄は 1 時からずっとテレビを見ています。）

"How long have you been waiting for Mr. Tanaka?"

"I have been waiting for about thirty minutes."
（「あなたはどのくらいの間，田中さんを待っているのですか。」
「30 分くらいです。」）

📖 '継続'を表す現在完了（p.228 〜）

📖 現在進行形
　　　　（p.46 〜）

○ I have known him for a long time.
（私は彼と長い間知り合いです。）
×I have been knowing him for a long time.
📖 '状態'を表す動詞と'動作'を表す動詞
　　　　　（p.48）

次に確認！

🔍 **Point**

1　現在完了進行形
〈have〔has〕 been ＋…ing〉（ずっと…している）

2　現在完了の用法のまとめ

Point 2　現在完了の用法のまとめ

　今まで学習した現在完了の用法を，整理しましょう。

現在完了の用法	よく一緒に使われる表現
'完了・結果'	just, already（肯定文），yet（疑問文，否定文）
'経験'	once, twice, ～ times, before, ever（疑問文），never, How many times〔How often〕 ～ ?
'継続'	for ～, since ～, How long ～ ?

注意！
現在完了の文が必ずどれかの用法1つに当てはまるというわけではないので，状況や場面に応じて意味を判断しよう。

Z会 質問コーナー
Q 「…している」の表現がたくさんあって迷います。
A 動詞が表す内容によって判断しましょう。

①現在の '状態' を表す動詞（p.48）の場合：現在形
　I <u>live</u> in Yokohama. （私は横浜に住んでいます。）
②現在の '習慣' を表す場合：現在形
　I <u>play</u> golf every Sunday. （私は毎週日曜日にゴルフをしています。）
③今まさに '動作' が行われている場合：現在進行形
　I <u>am playing</u> golf now. （私は今ゴルフをしています。）
④過去から今まで '状態' が続いている場合：現在完了
　I <u>have lived</u> in Yokohama for seven years.
　（私は横浜に 7 年住んでいます。）
⑤過去から今まで '動作' が続いている場合：現在完了進行形
　I <u>have been playing</u> golf since this morning.
　（私は今朝からずっとゴルフをしています。）

Unit
12
現在完了

1. 次の日本文と同じ意味を表すように，英文中の空所に適当な語を入れなさい。

(1) ちょうど彼にメールを送ったところです。

I have （　　　　　　） （　　　　　　　　　　） an e-mail to him.

(2) 彼女はまだ家に帰ってきていません。

She （　　　　　　） （　　　　　　　　） home （　　　　　　　）.

(3) 「もう昼食を食べましたか。」「いいえ，まだです。」

"（　　　　　　　） you had lunch （　　　　　　　）?"

"No, I （　　　　　　）."

(4) この本はもう読んでしまいました。

I （　　　　　　） （　　　　　　　） read this book.

→71

2. 次の日本文と同じ意味を表すように，カッコ内の語句を並べかえなさい。

(1) 私はこのマンガを以前に読んだことがあります。

[before / comic / have / I / read / this].

_____

(2) その留学生は刺身を食べたことがありません。

The foreign student [eaten / has / never / sashimi].

The foreign student _____.

(3) 今までに虹を見たことがありますか。

[a / ever / have / rainbow / seen / you]?

_____

(4) あなたのお母さんはその俳優に何回会ったことがありますか。

[has / how / many / met / times / your mother] the actor?

_____ the actor?

→72

3. 次の日本文と同じ意味を表すように，英文中の空所に適当な語を入れなさい。

(1) ケンはこの前の水曜日からずっと病気です。

Ken （　　　　　　） （　　　　　　　　　） sick （　　　　　　　　　）

last Wednesday.

(2) 彼は1週間ずっと忙しいです。

He （　　　　　　　） （　　　　　　　　） busy （　　　　　　） a week.

(3) この町に住んでどのくらいになりますか。

（　　　　　　　） （　　　　　　　　　） have you lived in this town?

→73

4. 次の日本文と同じ意味を表すように，英文中の空所に適当な語を入れなさい。

(1) あなたは中国に行ったことがありますか。

Have you ever （　　　　　　　　） （　　　　　　　　　） China?

(2) 私はちょうどスーパーマーケットへ行ってきたところです。

I have just （　　　　　　　　） （　　　　　　　　） the supermarket.

(3) 彼女がパリへ行って2カ月がたちます。

Two months （　　　　　　　　） （　　　　　　） （　　　　　　　）

she went to Paris.

→74

5. 次の英文中のカッコの中から適当なものを選び，○で囲みなさい。

(1) 彼らは2時間泳いでいます。

They （ are swimming ; have been swimming ） for two hours.

(2) マリコは3時からずっと英語の勉強をし続けています。

Mariko （ studies ; has been studying ; was studying ）

English since three o'clock.

(3) 私はメアリーを10年前から知っています。

I （ have known ; have been knowing ） Mary for ten years.

→75

1. (1) just ; sent

(2) hasn't ; come 〔returned〕; yet ◁ has not の短縮形は hasn't

(3) Have ; yet ; haven't　　　　(4) have ; already

already は肯定文，yet は疑問文と否定文で使われる

2. (1) I have read this comic before. ◁ 現在完了の文で「以前に」を表す語は before

(2) has never eaten sashimi

(3) Have you ever seen a rainbow?

(4) How many times has your mother met

3. (1) has ; been ; since　　　　(2) has ; been ; for

(3) How ; long ◁ How long は継続の '期間' をたずねる

4. (1) been ; to　　　　(2) been ; to

(3) have ; passed ; since　　　　'完了' を表す have been to 〜

5. (1) have been swimming　　　　(2) has been studying

(3) have known ◁ know は '状態' を表す動詞なので進行形にできない

76 過去分詞による修飾

「…される〜」

まずは音読！ アヤの飼い犬のボンゴ

> I have a dog named "Bongo".

Bongo

アヤ：私は「ボンゴ」っていう名前の犬を飼っているの。

Point ❶ 過去分詞は名詞を修飾することができる

過去分詞は，今まで受動態と現在完了で登場しましたね。さらに，過去分詞は文の中で形容詞のはたらきをして，**名詞を修飾**することができます。これを過去分詞の形容詞用法といいます。

過去分詞は 「…された」「…されている」 という受け身の意味を表します。受動態と同じですね。

One of the windows is broken. ←受動態の文
（窓の1つが割れています。）

過去分詞が名詞を修飾

I have to replace the **broken** window.

（私はその割れた窓を取りかえなければいけません。）

📖 過去分詞 (p.210)

くわしく

自動詞の過去分詞は，受け身ではなく'完了'の意味（…してしまった）を表す。
fallen leaves（落ちてしまった葉→落ち葉）
a retired police officer（引退した警察官）

Point ❷ 過去分詞の位置

名詞を修飾する**過去分詞が1語で用いられる場合**は，形容詞と同様に修飾する**名詞の直前**に置きます。

I found my **stolen** bicycle in the park.

（私は盗まれた自転車を公園で見つけました。）

stolen と bicycle が「盗まれた」という受け身の関係になっていることをおさえよう

次に確認！

Point

1 過去分詞は名詞を修飾することができる
「…された〜（名詞）」（受け身の意味）

2 過去分詞の位置
過去分詞が１語で用いられる場合〈過去分詞＋名詞〉
過去分詞が他の語句を伴う場合〈名詞＋過去分詞＋他の語句〉

過去分詞の中には，今では形容詞としてみなされている語も多くあります。

> excited（わくわくしている）／ interested（興味をもっている）／ tired（疲れている）／ surprised（驚いている）など

The surprised children ran out of the room.
（驚いた子供たちは走って部屋から出ていきました。）

名詞を修飾する**過去分詞が他の語句を伴う場合**は，修飾する**名詞のあと**に置きます。

〈名詞＋過去分詞〉
I have a dog named "Bongo".

（私は「ボンゴ」と名づけられた犬を飼っています。）

a dog と named "Bongo" が「名づけられた」という受け身の関係になっていますね。日本語の**「ボンゴ」と名づけられた** 犬 とは語順が逆になるので注意しましょう。

The monkey found in the street was taken to the zoo.
（通りで見つかったサルは動物園へ連れて行かれました。）

くわしく
現在分詞の形 exciting, interesting なども形容詞としてみなされている。（p.241）
🔖 '感情'を表す受動態（p.217）

くわしく
関係代名詞を使って表すこともできる。(p.244) the monkey which was found in the street

Unit
13

分詞と関係代名詞

77 現在分詞による修飾

「…している〜」

まずは音読！

> The dog running over there is Bongo.

アヤ：向こうで走っている犬がボンゴよ。

Point 1 現在分詞は名詞を修飾することができる

現在分詞は，動詞の…ing 形のことです。現在分詞は文の中で形容詞のはたらきをして，**名詞を修飾**することができます。これを現在分詞の形容詞用法といいます。

現在分詞は「**…している**」という能動の意味を表します。

…ing 形の作り方
(p.47)

注意！
能動⇔受動〔受け身〕

My dog is running over there. ⟨現在進行形⟩
（私の犬が向こうで走っています。）

現在分詞が名詞を修飾
The dog **running** over there is Bongo.
（向こうで走っている犬がボンゴです。）

Point 2 現在分詞の位置

過去分詞の場合と同様，名詞を修飾する**現在分詞が 1 語で用いられる場合**は，修飾する**名詞の直前**に置きます。

That **running** dog is so cute.

（あの走っている犬はとてもかわいいです。）

現在分詞にも，今では形容詞としてみなされている語が多くあります。過去分詞との意味の違いもおさえましょう。

確認問題 p. 248

次に確認！

Point

1 現在分詞は名詞を修飾することができる
「…している〜（名詞）」（能動的な意味）

2 現在分詞の位置
現在分詞が1語で用いられる場合〈現在分詞＋名詞〉
現在分詞が他の語句を伴う場合〈名詞＋現在分詞＋他の語句〉

---

exciting（わくわくさせるような）／ interesting（おもしろい）／
surprising（驚かせるような）など

He told me an interesting story.
（彼は私におもしろい話をしてくれました。）

名詞を修飾する**現在分詞が他の語句を伴う場合**は，修飾
する**名詞のあと**に置きます。

〈名詞＋現在分詞〉

Who is the woman sitting on the bench?
（ベンチに座っている女の人は誰ですか。）

I know that boy reading a book under the tree.
（私は木の下で本を読んでいるあの男の子を知っています。）

くわしく

意味の違いに注意！
The game was exciting.
（その試合はわくわくするものでした。）
I was excited at the game.
（私はその試合にわくわくしました。）

Z会 質問コーナー **Q** 過去分詞と現在分詞の使い分けを教えてください。
A 修飾したい名詞と分詞の関係をおさえましょう。

修飾される名詞と，分詞にしたい動詞との関係を考えてみましょう。
「ベッドの上で眠っている赤ちゃん」
⇒ a baby（赤ちゃん）と sleep（眠る）は能動の関係なので，現在分詞
⇒ a baby sleeping on the bed
「香港で話されている言語」
⇒ the language（言語）と speak（話す）は受け身の関係なので，過去分詞
⇒ the language spoken in Hong Kong

Unit 13 分詞と関係代名詞

241

78 節の後置修飾

〈名詞＋節〉

まずは音読！

Bongo is a dog I found in the pet shop.

アヤ：ボンゴは私がペットショップで見つけた犬なのよ。

Point 1 節が後ろから名詞を修飾する

節（p.116）

節とは，〈主語＋動詞〉を含むまとまりのことをいいます。節は，**名詞を後ろから修飾**することがあります。

<u>節が a dog を修飾</u>

Bongo is a dog **I found** in the pet shop.

（ボンゴは私がペットショップで見つけた犬です。）

日本語では「私がペットショップで見つけた犬」という語順ですが，英語では「私がペットショップで見つけた」が「犬」を後ろから修飾するのです。

この a dog のように，節によって修飾される名詞のことを**先行詞**と呼びます。先行詞は，**節の動詞の目的語**にあたります。

I found a dog in the pet shop.

主語 動詞 目的語

（私はペットショップで犬を見つけました。）

a dog **I found** in the pet shop

（私がペットショップで見つけた犬）

the movie **you saw** last night （あなたが昨夜見た映画）

the letter **John wrote** to his mother

（ジョンがお母さんに書いた手紙）

くわしく

節が名詞を後ろから修飾する場合，関係代名詞を使うこともある。
（p.246）

Point

1 〈名詞＋節〉の形で節が後ろから名詞を修飾する
先行詞は節の動詞の目的語にあたる

2 〈名詞＋節〉は文の主語，補語，目的語になる

Point 2 〈名詞＋節〉は文の主語，補語，目的語になる

a dog **I found** in the pet shop

　この〈名詞＋節〉はひとまとまりで，文の<u>主語</u>や<u>補語</u>，
<u>目的語</u>になることができます。

ひとまとまりで文の補語に

Bongo **is** a dog **I found** in the pet shop .
<u>主語</u>　<u>動詞</u>

（ボンゴは私がペットショップで見つけた犬です。）

ひとまとまりで文の主語に

The dog **I found** in the pet shop **was** very **cute**.
　　　　　　　　　　　　　　　　 <u>動詞</u>　　　 <u>補語</u>

（私がペットショップで見つけた犬はとてもかわいかったです。）

ひとまとまりで文の目的語に

He has the dog **I found** in the pet shop .
<u>主語</u> <u>動詞</u>

（彼は私がペットショップで見つけた犬を飼っています。）

Is she the girl you met last Sunday?
（彼女があなたがこの前の日曜日に会った女の子ですか。）

Let's go to see the movie you talked about.
（あなたが話していた映画を見に行きましょう。）

注意！
節の〈主語＋動詞〉が
他の修飾語句を伴う場
合は，それらも一緒に
ひとまとまりにする。
× The dog I found
was very cute in the
pet shop.

Unit
13
分詞と関係代名詞

くわしく
前置詞の目的語が先行
詞になることもある。
You talked about the
movie.
→ the movie you
talked about

まずは音読！

> In the shop, I noticed a dog which was looking at me.

アヤ：お店で，私のことを見ている1匹の犬に気づいたの。

Point 1 関係代名詞は直前の名詞を修飾する節を作る

78で〈名詞＋節〉の形で節が後ろから名詞を修飾することを学習しました。

Bongo is a dog **I found** in the pet shop.

（ボンゴは私がペットショップで見つけた犬です。）

この節の後置修飾と同じように，**関係代名詞**は先行詞を後ろから修飾する節を作ることができます。

節が a dog を修飾

I noticed a dog **which** was looking at me.

（私は，私を見ている犬に気づきました。）

節の後置修飾
（p.242）

注意！
先行詞：節によって修飾される名詞のこと

Point 2 主格の関係代名詞

関係代名詞は，2文を1文につなげる接続詞のはたらきと，修飾する節の代名詞のはたらきをします。

I noticed a dog.　　　The dog was looking at me.
　　　　　　　　　　　主語

↓

I noticed a dog **which**　　　　was looking at me.

> which は a dog を修飾する節をくっつける接着剤のような役割をしているね

確認問題 p.249

Point

1. **関係代名詞は直前の名詞を修飾する節を作る**
〈先行詞＋関係代名詞＋節〉

2. **主格の関係代名詞は節の中で主語のはたらきをする**

3. **関係代名詞 which ／ who ／ that**

この which が後ろに続く節の**主語のはたらき**をしているので，**主格の関係代名詞**と呼びます。主格の関係代名詞のあとには動詞（または助動詞）が続きますが，その動詞の形は**先行詞の人称や数に合わせる**ことに注意しましょう。

I have some photos which were taken by Miho.
（私は，ミホによって撮られた写真を何枚か持っています。）
The tall building which stands on the hill is my office.
（丘の上にたっている高層ビルが私の（勤める）会社です。）

Point 3 関係代名詞 which／ who／ that

関係代名詞は，先行詞によって **which**，**who**，**that** を使い分けます。which は先行詞が'もの'や'動物'など**'人'以外**の場合に使い，who は **'人'** に使います。that は'人'にも'人'以外にもどちらにも使うことができます。

> 先行詞が'もの'

I don't want a car which〔that〕uses a lot of gasoline.
（私はガソリンをたくさん使う車は欲しくありません。）

The woman who〔that〕is cooking in the kitchen is my
aunt. > 先行詞が'人'
（台所で料理をしている女性は私のおばです。）

注意！
主格：「〜は〔が〕」と主語として使われる形のこと

くわしく
過去分詞を使って表すこともできる。　(p.238)
I have some photos taken by Miho.

▱ 特に関係代名詞that が好んで使われる用法（p.247）

Unit 13 分詞と関係代名詞

245

まずは音読！

> # Bongo is wearing clothes
> ## which I bought at the pet shop.

アヤ：ボンゴは私がペットショップで買った服を着ているのよ。

Point ❶ 目的格の関係代名詞

関係代名詞が後ろに続く節の**目的語のはたらき**をしている場合，それを**目的格の関係代名詞**といいます。

> 注意！
> 目的格：目的語として使われる形のこと

Bongo is wearing clothes.　　I bought the clothes at the pet shop. 目的語

↓

Bongo is wearing clothes **which** I bought　　　at the pet shop.

目的格の関係代名詞はよく省略されます。それが **78** で学習した〈名詞＋節〉の形ですね。

> 節の後置修飾
> （p.242）

Bongo is wearing clothes I bought at the pet shop.

目的格の関係代名詞は，主格の関係代名詞と同様に，先行詞によって**which**，**who〔whom〕**，**that**を使い分けます。また，目的格の関係代名詞は節の中で**前置詞の目的語**になる場合もあるので注意しましょう。

> くわしく
> whom は少しかたい表現なので，あまり使われない。

in の目的語 (live in the house)

This is the house which I want to live in.
（これが私が住みたい家です。）

> くわしく
> in を which の前に置くこともできる。
> This is the house in which I want to live.

次に確認!

Point

1 目的格の関係代名詞は節の中で目的語のはたらきをする
which ／ who〔whom〕／ that

2 特に関係代名詞 that が好んで使われる用法
先行詞に最上級や only，all などの語がつく場合
先行詞が '人＋動物'，'人＋もの' の場合

Point 2　特に関係代名詞 that が好んで使われる用法

　関係代名詞 that は先行詞が<u>最上級</u>や only, all などの '<u>限定</u>'・'<u>強調</u>' の語を含む場合，先行詞が '<u>人＋動物</u>' や '<u>人＋もの</u>' の場合に特に好んで使われます。

Yuki is **the prettiest** girl (that) I have ever seen.
(ユキは私が今までに会った一番かわいい女の子です。)

This is the **only** song (that) I can sing.
(これが私が歌うことができる唯一の歌です。)

**Z会
質問コーナー** **Q** 関係代名詞はどれも省略できるのですか。
A <u>主格の関係代名詞は省略できません。</u>

関係代名詞が省略できないのは，節の中で主語のはたらきをしている場合です。(p.244)
The girl <u>who</u> is sitting next to Rob is Kathy.
(ロブの隣に座っている女の子はキャシーです。)
ただし，現在分詞を使えば関係代名詞を使わなくても表せますね。
The girl <u>sitting</u> next to Rob is Kathy. ※ girl と sitting の間に is を入れない！
〈名詞＋現在分詞〔過去分詞〕〉(p.238 ～)や〈名詞＋前置詞句〉(p.136)など，名詞を後ろから修飾できる表現をしっかりおさえましょう。表現の幅が広がって便利ですよ。

Unit
13
分詞と関係代名詞

1. 次の日本文と同じ意味を表すように，英文中の空所に適当な語を入れなさい。

(1) 私はやさしい英語で書かれた本を読みたいです。

I want to read a book （　　　　　　　　） in easy English.

(2) テーブルの上に割れた瓶がありました。

There was a （　　　　　　　） bottle on the table.

(3) 彼は時々川で捕まえた魚を食べます。

He sometimes eats fish （　　　　　　　） in the river.

→76

2. 次の日本文と同じ意味を表すように，英文を完成させなさい。

(1) 公園を走っている少女は私の妹です。

_____ in the park is my sister.

(2) あの踊っている男性は誰ですか。

Who is that _____?

(3) 私はわくわくするような試合を昨夜テレビで見ました。

I watched an _____ on TV last night.

(4) 窓のそばに立っている男の人を見てください。

Look at _____ by the window.

→77

3. 次の日本文と同じ意味を表すように，カッコ内の語句を並べかえなさい。

(1) あれは私たちが昨日図書館で会った人です。

That is 〔met / the man / we〕 in the library yesterday.

That is _____ in the library yesterday.

(2) 彼があなたに貸した本は読みましたか。

Have you read 〔book / lent / he / the / you / to〕?

Have you read _____?

25

(3) 母が作ってくれたケーキはおいしかったです。

〔cake / the / made / mother / my〕was delicious.

_____ was delicious.

→78

4. 次の日本文と同じ意味を表すように，英文中の空所に適当な語を入れなさい。

(1) ケンと話している女性は私たちの英語の先生です。

The woman (　　　　　　) (　　　　　　) (　　　　　　)

with Ken is our English teacher.

(2) 私はしっぽが長いネコを飼っています。

I have a cat (　　　　　　) (　　　　　　) a long tail.

(3) 私は若い人の間で人気の本を買いました。

I bought a book (　　　　　　) (　　　　　　) popular

among young people.

→79

5. 次の英文を関係代名詞を用いて 1 文にしなさい。

(1) Cindy is a singer. I have wanted to see her.

（シンディは歌手です。私は彼女に会いたいと思っていました。）

_____

(2) The magazine was interesting. I bought it last week.

（その雑誌はおもしろかったです。私はそれを先週買いました。）

_____

(3) The music is too noisy for me. My son is listening to it.

（その音楽は私にはうるさすぎます。息子がそれを聞いています。）

_____

→80

Unit
13
分詞と関係代名詞

1. (1) written　　　　　　　(2) broken
(3) caught

2. (1) The girl running ⎯⎯ 分詞が他の語句を伴う場合は名詞のあとに置く
(2) dancing man　　　　　(3) exciting game 〔match〕⎯
(4) the man standing　　　　⎯ excited にしないこと！

3. (1) the man we met
(2) the book he lent to you ⎯ lent は lend（〜を貸す）の過去形
(3) The cake my mother made

4. (1) who 〔that〕; is ; talking
(2) which 〔that〕; has ⎯ 「しっぽが長い」→「長いしっぽを持っている」
(3) which 〔that〕; is

5. (1) Cindy is a singer who 〔whom, that〕 I have wanted to see. ⎯
　　　　　⎯ 「シンディは私が会いたかった歌手です。」という文に
(2) The magazine which 〔that〕 I bought last week was interesting. ⎯
　　　　　⎯ 「私が先週買った雑誌はおもしろかったです。」という文に
(3) The music which 〔that〕 my son is listening to is too noisy for me.
（別解）The music to which my son is listening is too noisy for me. ⎯
　　　　　⎯ 「息子が聞いている音楽は私にはうるさすぎます。」という文に

Unit
14 仮定法

まずは音読！

> I have to hand in a report, but I haven't written a line yet. If I were you, I would start writing right now.

シン：レポートを提出しないとならないんだけど，まだ1行も書いてないよ。
アヤ：もし私があなただったら，今すぐ書き始めるな。

Point ① 仮定法過去は現在の事実と異なる仮定をする

英語では，**事実とは異なることや，実際には起こりそうもないことを表す場合**に，事実を述べる時とは異なる動詞の形を使います。

アヤの発言を見てみましょう。

If I were you, I would start writing right now. ……①

日本語では，特に意識せず「もし私があなたなら…」と言いますが，私があなたになることは決してできないことですね。

一方，「もしあなたが忙しければ…」という場合はどうでしょうか。あなたが忙しいことは大いにあり得ますよね。

If you are busy, I will help you. ……②

（もしあなたが忙しければ，手伝いますよ。）

つまり，英語では①の文と②の文とでは動詞の形が違うのです。①の場合は「今」のことを述べていますが，現実にはあり得ないというずれを表すために，**〈If ＋主語＋動詞の過去形〜，主語＋助動詞の過去形＋動詞の原形 ....〉** という形で表します。このルールを**仮定法過去**といいます。

あることを事実として述べる時の動詞の形を<u>直説法</u>という。

「もし…なら」という部分（if 節）を条件節，「〜である」という結びの部分を帰結節という。(p.122)

次に確認！

Point

1 仮定法過去は現在の事実と異なる，またはあり得ないことを仮定する

2 動詞の形に注意
　　if 節（条件節）　過去形
　　主節（帰結節）　〈助動詞の過去形＋動詞の原形〉

Point 2　動詞の形に注意

　仮定法過去の if が導く節内の動詞が be 動詞の時，主語が 1 人称や 3 人称単数でも，**were が使われる**ことがよくあります。

If I weren't busy, I could help you.
（もし私が忙しくなければ，あなたを手伝えるのですが。）

　仮定法過去の〈主語＋助動詞の過去形＋動詞の原形〉の節内でよく使われる助動詞は以下です。

will の過去形　　→　**would**

can の過去形　　→　**could**

may の過去形　　→　**might**

If it weren't raining, we could go to the beach.
（もし雨が降っていなければ，私たちはビーチに行けるのですが。）

→ It is raining, so we can't go to the beach.
（雨が降っているので，私たちはビーチに行けません。）

If Jim knew about our plan, he might join us.
（もしジムが私たちの計画を知っていれば，参加するかもしれないのですが。）

→ Jim doesn't know about our plan, so he won't join us.
（ジムは私たちの計画を知らないので，参加しないでしょう。）

 くわしく

口語では，主語が 1 人称や 3 人称単数の時は was が使われることもある。

くわしく

「もし…だったら，〜したのに」と過去の事実と異なる仮定を表す場合には，仮定法過去完了を使う。〈If ＋主語＋過去完了〜，主語＋助動詞の過去形＋have ＋動詞の過去分詞 ....〉の形。

Unit
14

仮定法

253

まずは音読！ …ならいいのになあ

> **I wish I were as good at writing as you.**

シン：君くらいに作文が上手だったらいいのになあ。

Point ❶ 「…であればいいのに」という願望を表す表現

動詞 wish（望む）のあとに仮定法を用いて、「…であればいいのに」という **'願っている時点の事実とは異なる願望'** を表すことができます。wish のあとの節には**仮定法過去**を用い、**〈I wish ＋主語＋（助）動詞の過去形〉** の形にします。

上記では、シンは残念ながら作文があまり得意ではないのですが、「作文がうまければいいのに」というように、現時点の事実とは異なる願望を述べているのですね。

くわしく
wish のあとの that はふつう、省略される。

I wish it were my birthday.
（今日が誕生日だったらいいのになあ。）

→実際は、今日は誕生日ではない。

I wish I could play the piano well.
（ピアノが上手に弾ければいいのになあ。）

→実際は、ピアノを上手に弾けない。

次に確認！

Point

1 「…であればいいのに」という願望を表す表現
〈I wish ＋主語＋（助）動詞の過去形〉

2 仮定法を用いて表現できること

Point 2 仮定法を用いて表現できること

次の会話を見てみましょう。

"Let's go to the movies this evening."
"I wish I could."

（「今晩，映画に行きましょう。」
「行けたらいいんですが（，無理です）。」）

仮定法を使うことで，「行けたらいいんですが，残念ながら無理です」という，こちらの都合と，本当は行きたかったという気持ちを一度に伝えることができます。

"You speak English really well, don't you?"
"I wish!"（I wish I spoke English really well!）

（「あなたは英語を話すのが上手ですね。」
「そうだといいんですが。」）

ほめられた場合に "I wish." を用いると，「そうだといいんですが；そんなことないですよ（実際は英語が話せる自信があるとしても）」という謙遜のニュアンスが含まれた返答になります。

仮定法はこのように，事実をそのまま述べるのではなく，**相手に控えめでていねいな印象を与えたい時**にも用いられます。

くわしく

'依頼' を表す表現（p.68）で助動詞の過去形を使うのも仮定法過去の1つである。
Could you help me?
（（もし可能なら）手伝っていただけますか。）
仮定法を使うことでよりていねいなニュアンスになる。

Unit
14
仮定法

255

1. 次の文を仮定法過去の文に書き換える時，空所に適当な語を1語ずつ入れなさい。

(1) I don't have time, so I can't travel all around the world.

If I (   ) time, I (   ) travel all around the world.

(2) It is cold, so I won't go out and play soccer.

If it (   ) (   ) cold, I (   ) go out and play soccer.

→81

2. 次の日本文と同じ意味を表すように，英文中の空所に適当な語を入れなさい。

(1) もし宝くじが当たれば，南の島を買えるのですが。

If I (   ) the lottery, I (   ) buy an island in the south.

(2) もし10歳若かったら，何をしたいですか。

What (   ) you like to do if you (   ) ten years younger?

→81

3. 次の日本文と同じ意味を表すように，英文中の空所に適当な語を入れなさい。

(1) 彼女のメールアドレスを知っていればなあ。

I （　　　　　　　） I （　　　　　　　　） her e-mail address.

(2) 泳げればよいのですが。

I （　　　　　　　） I （　　　　　　　） swim.

(3) 父がここにいてくれたらいいのに。

I （　　　　　　　） my father （　　　　　　　） here.

→82

1. (1) had ; could ⟨「時間があれば，世界中を旅できるのに。」という文に⟩

(2) were ; not ; would ⟨「寒くなければ，外に出てサッカーをするのに。」という文に⟩

2. (1) won ; could ⟨「宝くじが当たる」＝ win the lottery⟩

(2) would ; were ⟨条件節が文の後半に置かれた形⟩

3. (1) wish ; knew　　　　　(2) wish ; could

(3) wish ; were

Unit
15 発展学習

過去完了

使役動詞／知覚動詞

関係代名詞／関係副詞

まずは音読！ アヤは部活に遅刻してしまいました

> Why are you late?
> Because the bus had already left
> when I got to the bus stop.

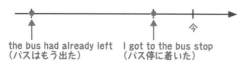

コーチ：どうして遅刻したの？
アヤ　：私がバス停に着いた時には，バスはもう出てしまっていたんです。

Point❶ 過去完了は〈had＋過去分詞〉の形で表す

Unit12 で学習した現在完了〈have〔has〕＋過去分詞〉は「過去」と「今」のつながりを表す表現でしたね。ここで学習する**過去完了**とは，「過去のある時点」から見て，**その時よりさらに前**の出来事を表す表現です。つまり，「過去」と「そのさらに前の過去」をつなげるのです。過去完了は〈**had＋過去分詞**〉の形で表します。

現在完了
　　（p.224 ～）

　基準の時点よりさらに前の出来事　　　この過去形が基準の時点に

The bus had already left when I got to the bus stop.
（私がバス停に着いた時には，バスはもう出てしまっていました。）

この文では，過去形の when I got to the bus stop（私がバス停に着いた時）という時点が基準になります。The bus had already left（バスはもう出てしまっていました）という出来事は，それよりさらに前に起きたことを表します。

くわしく

過去完了の文で過去の基準となる時点は，when が導く節の他に yesterday（昨日）や then（その時）など，過去の１時点をはっきり表す表現になる。

```
●────────────●────┼──────→
                   今
the bus had already left   I got to the bus stop
（バスはもう出た）        （バス停に着いた）
```

✎ 次に確認！

🔍 **Point**

1 過去完了は〈had＋過去分詞〉の形で表す
過去のある時点よりさらに前の過去を表す

2 時間差を表す過去完了
「どちらがより前の出来事か」を明らかにする

現在完了と同様，過去完了には**'完了・結果'**や**'経験'**，
'継続'を表す用法があります。

> 📖 '完了・結果'を表
> す用法（p.224）
> 📖 '経験'を表す用法
> （p.226）
> 📖 '継続'を表す用法
> （p.228）

'完了'
We had already gone to bed before Dad came home.
（私たちはお父さんが家に帰ってくる前に寝てしまいました。）

George knew the restaurant because he had been there
once. 　　　　　　　　　　　　　　'経験'
（ジョージは一度行ったことがあったので，そのレストランを知っ
ていました。）

'継続'
I had been busy, so I couldn't finish my homework.
（私は忙しかったので，宿題を終えることができませんでした。）

Point 2 　時間差を表す過去完了

過去の2つの出来事が，**起こった順序とは逆に並べら**
れる場合にも過去完了を使います。過去完了にすること
で，どちらがより前の出来事なのかをはっきりさせるため
です。

I lost the notebook I had borrowed from Kate the day

before.

（私は前の日にケイトから借りたノートをなくしました。）

出来事を起こった順に
述べる時はすべて過去
形でよい。
I borrowed the
notebook from Kate,
but I lost it the next
day.
（私はケイトからノー
トを借りましたが，次
の日にそれをなくしま
した。）

Unit
15

発展学習

使役動詞／知覚動詞

「〜に…させる」「〜が…するのを見る〔聞く〕」

シンがアヤを笑わせようとしています

Hey Aya! Look!

You always make me laugh!

シン：ねえ，アヤ！　見て！
アヤ：あなたはいつも私を笑わせるわね。

Point ❶ 使役動詞 make ／ have ／ let

　相手に何かをさせることを表す動詞を**使役動詞**といいます。代表的な使役動詞には **make**，**have**，**let** があります。これらは〈**使役動詞＋目的語＋動詞の原形**〉という形で使われます。

You always **make me laugh**.
　　　　　　使役動詞＋目的語＋動詞の原形
（あなたはいつも私を笑わせます。）

　使役動詞 make には，「**（相手の意思には関係なく）…させる**」という意味があります。少し強制的なイメージですね。

Ms. Smith made Aya study after school.
（スミス先生はアヤに放課後勉強させました。）

　使役動詞 have には「**（相手を納得させて，相手に頼んで）…させる**」という意味があります。

I had George repair the camera.
（私はジョージにそのカメラを直してもらいました。）

　使役動詞 let には「**（相手が望むように）…させる**」という意味があります。

Please let me know when you come back.
（あなたが戻ってきたら知らせてください。）

使役動詞 make は必ずしも否定的なイメージで使われるわけではない。

This medicine will make you feel better.
（この薬はあなたの気分をよくしてくれるでしょう。→この薬を飲めば気分がよくなるでしょう。）

次に確認！

🔍 Point

1 使役動詞 make ／ have ／ let
〈使役動詞＋目的語＋動詞の原形〉（～に…させる）

2 知覚動詞
〈知覚動詞＋目的語＋動詞の原形〉
〈知覚動詞＋目的語＋過去分詞〉
〈知覚動詞＋目的語＋現在分詞〉

Point **2** 知覚動詞

「見る」「聞く」「感じる」など，人間の感覚を表す動詞
を**知覚動詞**といいます。

～を見る	look at ～，see，watch など
～を聞く	hear，listen to など
～を感じる，気づく	feel，notice など
～のにおいがする	smell など

〈知覚動詞＋目的語〉のあとには**動詞の原形**，**過去分詞**，
現在分詞の 3 種類を続けることができます。

① 〈知覚動詞＋目的語＋動詞の原形〉「～が…するのを見
る〔聞く〕」など

> 動作の初めから終わり
> まで聞いたことを表す

I heard someone call my name.
（誰かが私の名前を呼ぶのが聞こえました。）

② 〈知覚動詞＋目的語＋過去分詞〉「～が…されているの
を見る〔聞く〕」など

> 目的語と過去分詞は受け身の関係

She saw Mr. Yamada's car parked in front of the shop.
（彼女は山田さんの車が店の前に停められているのを見ました。）

📖 受け身を表す過去
分詞（p.238）

③ 〈知覚動詞＋目的語＋現在分詞〉「～が…しているのを
見る〔聞く〕」など

> 進行中の動作の一部を知覚したことを表す

I felt her hands shaking.
（私は彼女の手が震えているのを感じました。）

Unit
15

発展学習

まずは音読！ アヤの友達

> I have a friend whose hair is brown.

アヤ：私には髪が茶色い友達がいるの。

Point ① 所有格の関係代名詞 whose

注意！

所有格：「〜の」とい
う '所有' を表す

関係代名詞には所有格もあります。**関係代名詞 whose**
は〈**whose＋名詞**〉の形で使います。whose は '人' や '動
物'，'もの' に対して使うことができます。

I want to live in a house.　　Its roof is red.

↓ *所有格*（=The house's roof）

I want to live in a house **whose** roof is red.

（私は屋根が赤い家に住みたいです。）

I have a friend whose mother is an English teacher.
（私には，お母さんが英語の先生をしている友達がいます。）

Point ② 関係代名詞 what

what も関係代名詞としての用法があります。**関係代名
詞 what** は，who や which と違って，what の中に**先行詞
を含んでいる**のです。つまり，what の 1 語で，**a〔the〕
thing(s) which ...** などに相当します。

This is **what** I wanted to buy. 節が文の補語になっている
= the thing which
（これが私が買いたかったものです。）

節が文の主語になっている
What he said is true.（彼が言ったことは本当です。）

✎ 次に確認！

🔍 Point

1 **所有格の関係代名詞 whose**
〈whose＋名詞〉の形で所有格のはたらきをする

2 **関係代名詞 what**
「…するもの〔こと〕」

3 **関係副詞**
where ／ when ／ why ／ how

Point 2 関係副詞

　関係副詞は節の中で**副詞のはたらき**をします。関係副詞は〈前置詞＋関係代名詞〉の形で書き換えることができます。

■関係副詞の種類

	先行詞	先行詞の例
where	'場所'，'場合'	the place, the city, the case など
when	'時'	the time, the day, the year など
why	'理由'	the reason
how	先行詞が含まれる	―

↳「…する方法」の意味

Yokohama is **the city** where I was born.

≒ Yokohama is the city in which I was born.
（横浜は私が生まれた市です。）

In Japan, Valentine's Day is **a day** when women give chocolates to men.
（日本では，バレンタインデーは女性が男性にチョコレートをあげる日です。）

I found **the reason** why she wanted to stay home.
（彼女が家にいたがる理由がわかりました。）

Eat well and sleep well.　This is how I stay healthy.
（よく食べて，よく寝なさい。こうやって私は健康を保っています。）

注意！
関係代名詞 which, who, that は代名詞のはたらきをする。

くわしく
関係副詞は先行詞が省略される場合がある。

注意！
先行詞が'場所'だからといって必ず関係副詞を使うわけではない。
Texas is a state which is famous for its foods.
（テキサスはその食べ物で有名な州です。）

Unit
15
発展学習

発音記号のまとめ

● 母音 ● ※長く伸ばして発音するものは長母音，短く発音するものは短母音という。

[iː]	key, need	[i]	fish, big
[e]	bed, enter	[æ]	bag, happy
[ɑ(ː)/ɔ]	hot, pot	[ɑː]	father, calm
[ʌ]	uncle, come	[ɔː]	fall, saw
[u]	put, look	[uː]	two, soon
[ə]	about, beautiful	[əːr]	earth, first

母音はのどで出された声が，舌や歯や唇にじゃまをされ
ずに，口の中を比較的自由に通過して出る音だよ

● 二重母音 ●

[ei]	day, great	[ai]	high, child
[ɔi]	boy , point	[ou]	old, know
[au]	now, house	[iər]	ear, hear
[eər]	chair, bear	[ɑːr]	heart, star
[ɔːr]	morning, door	[uər]	tour, sure

二重母音は母音を２つ連続して言うよ。最初の母音を
強く言い，次の母音にだんだん近づいていくけれど，
完全には変わらないんだ

266

●子音●

[p]	pencil, cup	[t]	test, stay
[b]	bag, baby	[d]	deep, today
[k]	cake, pocket	[f]	fan, phone
[g]	girl, dog	[v]	seven, have
[θ]	thing, both	[s]	sister, once
[ð]	there, weather	[z]	easy, please
[ʃ]	shop, station	[tʃ]	change, future
[ʒ]	Asia, usually	[dʒ]	jump, bridge
[h]	hand, behind	[m]	move, summer
[n]	near, country	[ŋ]	wrong, singer
[l]	live, tail	[r]	room, carry
[w]	wild, one	[j]	yes, you

子音は息がこすられたり，唇や歯，歯茎に止められたりすることで，じゃまをされてできる音だよ

有声音と無声音

母音と子音の区別とは別に，有声音と無声音という分け方があります。発音する時にのどがふるえるものを有声音，のどがふるえないものを無声音といいます。母音はすべて有声音ですが，子音は有声音と無声音の2つに分かれます。

不規則動詞活用一覧

1 A-A-A型（原形・過去形・過去分詞がすべて同じ形）

原形	過去形	過去分詞	…ing形
cut（〜を切る）	cut	cut	cutting
hit（〜を打つ）	hit	hit	hitting
put（〜を置く）	put	put	putting
set（〜を置く）	set	set	setting

2 A-B-A型（原形と過去分詞が同じ形）

原形	過去形	過去分詞	…ing形
become（〜になる）	became	become	becoming
come（来る）	came	come	coming
run（走る）	ran	run	running

3 A-B-B型（過去形と過去分詞が同じ形）

原形	過去形	過去分詞	…ing形
bring（〜を持ってくる）	brought	brought	bringing
build（〜を建てる）	built	built	building
buy（〜を買う）	bought	bought	buying
catch（〜をつかまえる）	caught	caught	catching
feel（感じる）	felt	felt	feeling
find（〜を見つける）	found	found	finding
have（〜を持っている）	had	had	having
hear（〜が聞こえる）	heard	heard	hearing
keep（〜を持ち続ける）	kept	kept	keeping
learn（〜を学ぶ）	learned (learnt)	learned (learnt)	learning
leave（去る）	left	left	leaving
lose（〜を失う）	lost	lost	losing
make（〜を作る）	made	made	making
meet（〜と会う）	met	met	meeting
pay（〜を支払う）	paid	paid	paying
read（〜を読む）	read [réd]	read [réd]	reading
say（〜と言う）	said	said	saying
sell（〜を売る）	sold	sold	selling
send（〜を送る）	sent	sent	sending
sit（座る）	sat	sat	sitting

原形	過去形	過去分詞	…ing 形
sleep（眠る）	slept	slept	sleeping
spend（～を過ごす）	spent	spent	spending
stand（立っている）	stood	stood	standing
teach（～を教える）	taught	taught	teaching
tell（～に話す）	told	told	telling
think（～と考える）	thought	thought	thinking
understand（～を理解する）	understood	understood	understanding
win（勝つ）	won	won	winning

4　A-B-C 型（原形と過去形と過去分詞がすべて異なる形）

原形	過去形	過去分詞	…ing 形
begin（～を始める）	began	begun	beginning
break（～をこわす）	broke	broken	breaking
do（～をする）	did	done	doing
drink（～を飲む）	drank	drunk	drinking
drive（～を運転する）	drove	driven	driving
eat（～を食べる）	ate	eaten	eating
get（～を得る）	got	got (gotten)	getting
give（～を与える）	gave	given	giving
go（行く）	went	gone	going
know（～を知っている）	knew	known	knowing
rise（昇る）	rose	risen	rising
see（見える）	saw	seen	seeing
show（～を見せる）	showed	shown (showed)	showing
sing（歌う）	sang	sung	singing
speak（話す）	spoke	spoken	speaking
swim（泳ぐ）	swam	swum	swimming
take（～を取る）	took	taken	taking
wake（目を覚ます）	woke	woken	waking
wear（～を着ている）	wore	worn	wearing
write（～を書く）	wrote	written	writing

数値表現のまとめ

● 基数・序数の読み方 ●

	基数	序数
0	zero	―
1	one	first
2	two	second
3	three	third
4	four	fourth
5	five	fifth
6	six	sixth
7	seven	seventh
8	eight	eighth
9	nine	ninth
10	ten	tenth

	基数	序数
11	eleven	eleventh
12	twelve	twelfth
13	thirteen	thirteenth
14	fourteen	fourteenth
15	fifteen	fifteenth
16	sixteen	sixteenth
17	seventeen	seventeenth
18	eighteen	eighteenth
19	nineteen	nineteenth
20	twenty	twentieth

	基数	序数
30	thirty	thirtieth
40	forty	fortieth
50	fifty	fiftieth
60	sixty	sixtieth
70	seventy	seventieth
80	eighty	eightieth
90	ninety	ninetieth
100	one hundred	one hundredth

基数は「1，2 …」のように数を表し，序数は「1番目，2番目 …」のように順番を表すよ

●大きな数字の読み方 ●

英語では 1,000 の区切りで読みます。

2,000	**two thousand**
2,400	**two thousand (and) four hundred**
20,000	**twenty thousand**
24,000	**twenty-four thousand**
200,000	**two hundred thousand**
240,000	**two hundred (and) forty thousand**
1,000,000	**one million** (100万)
1,000,000,000	**one billion** (10億)
1,000,000,000,000	**one trillion** (1兆)

●小数の読み方 ●

小数点は point と読み，小数点以下は数字を 1 つずつ読みます。

0.5	**zero point five**
0.268	**zero point two six eight**
3.97	**three point nine seven**
14.605	**fourteen point six zero five**

●分数の読み方 ●

分子は基数で，分母は序数で読みます。分子が 2 以上の場合，分母の序数には複数形の -s をつけます。2 分の 1，4 分の 1 はそれぞれ，half，quarter を使うこともあります。

$\dfrac{1}{3}$	**a〔one〕third**
$\dfrac{2}{5}$	**two-fifths**
$\dfrac{3}{5}$	**three-fifths**
$\dfrac{1}{2}$	**a〔one〕half**
$\dfrac{1}{4}$	**a〔one〕quarter / one-fourth**

年月日, 時刻, 金額, 国名のまとめ

● 西暦の読み方 ●

1995 年	nineteen ninety-five
2000 年	two thousand / twenty hundred
2005 年	two thousand (and) five
2020 年	twenty twenty

● 月の表し方 ●

January	1 月
February	2 月
March	3 月
April	4 月
May	5 月
June	6 月
July	7 月
August	8 月
September	9 月
October	10 月
November	11 月
December	12 月

● 曜日の表し方 ●

Sunday	日曜日
Monday	月曜日
Tuesday	火曜日
Wednesday	水曜日
Thursday	木曜日
Friday	金曜日
Saturday	土曜日

● 日付の表し方・読み方 ●

「8 月 20 日」：〔アメリカ英語〕 **August 20**　(August (the) twentieth)
　　　　　　　〔イギリス英語〕 **20(th) August** (the twentieth of August)

●時刻の読み方●

7 時	seven (o' clock)
7 時 10 分	seven ten / ten (minutes) past seven
7 時 15 分	seven fifteen / a quarter past seven
7 時 30 分	seven thirty / half past seven
7 時 45 分（8 時 15 分前）	seven forty-five / a quarter to eight
7 時 55 分（8 時 5 分前）	seven fifty-five / five (minutes) to eight

●金額の読み方●

$（ドル）はアメリカなどで使われる通貨の単位。£（ポンド）は主にイギリスで使われます。yen（円）は単数形・複数形とも同じ形です。

$6.70	**six dollars (and) seventy cents** （単に six seventy と言うことが多い）
£6.70	**six pounds (and) seventy (pence)**
¥670	**six hundred and seventy yen**

●国名の表し方●

America	アメリカ	Australia	オーストラリア
Brazil	ブラジル	Britain	イギリス
Canada	カナダ	China	中国
Egypt	エジプト	France	フランス
Germany	ドイツ	India	インド
Indonesia	インドネシア	Italy	イタリア
Japan	日本	Korea	韓国
Russia	ロシア	Singapore	シンガポール
Spain	スペイン	Thailand	タイ
Turkey	トルコ		

※アメリカの正式名称は the United States of America

※イギリスの正式名称は the United Kingdom (of Great Britain and Northern Ireland)

さくいん

英語さくいん

277

（敬称略）

編集協力……………………… 市原 陽子，小野田 博子

イラスト……………………… 長尾 映美，大河原 みほ子

ナレーション…………… Josh Keller，Carolyn Miller，Howard Colefield

書籍のアンケートにご協力ください

抽選で**図書カード**を
プレゼント！

Z会の「個人情報の取り扱いについて」はZ会
Webサイト（https://www.zkai.co.jp/home/policy/）
に掲載しておりますのでご覧ください。

中学英文法 *Fine* 改訂版

初版第 1 刷発行 …………2012 年 4 月 10 日

改訂版第 1 刷発行…………2021 年 4 月 10 日

改訂版第 5 刷発行…………2023 年 8 月 10 日

監修者………………………渡辺いづみ

編者………………………Z 会編集部

発行人………………………藤井孝昭

発行………………………Z 会

　　　　　　　　　　　〒 411-0033　静岡県三島市文教町 1-9-11

　　　　　　　　　　　【販売部門：書籍の乱丁・落丁・返品・交換・注文】

　　　　　　　　　　　TEL 055-976-9095

　　　　　　　　　　　【書籍の内容に関するお問い合わせ】

　　　　　　　　　　　https://www.zkai.co.jp/books/contact/

　　　　　　　　　　　【ホームページ】

　　　　　　　　　　　https://www.zkai.co.jp/books/

装丁………………………山口秀昭（Studio Flavor）

印刷・製本………………シナノ書籍印刷株式会社

CD 録音・編集……………一般財団法人 英語教育協議会（ELEC）

ISBN978-4-86531-374-1　C6082

[改訂版]

中学英文法 *Fine*

入試突破！

チェックテスト

Unit ごとに本書で学習した文法問題の総まとめができる問題集です。問題はすべて近年の高校入試問題から選定していますので，本書の復習，または実力試しに活用しましょう。

CONTENTS

　　　※解答の右端には各問題に対応するレッスンの番号が記載されています。

Unit 1

① 次の英文中のカッコの中から適当なものを選び，○で囲みなさい。(栃木)

One of my friends (lives ; lived ; living ; live) in Tokyo now.

② 次の英文中の空所に入る最も適当な語を①〜④から 1 つ選びなさい。(秋田)

Miki (   ) practice the piano yesterday.
① doesn't   ② didn't   ③ isn't   ④ wasn't

③ 次の対話文が成り立つように，最も適当な語を①〜④から 1 つ選びなさい。

A : Did you go to the summer festival yesterday?
B : (   ) It was a lot of fun.
① Yes, I was.   ② No, I wasn't.   ③ Yes, I did.   ④ No, I didn't.   (徳島)

④ 次の英文中のカッコの中から適当なものを選び，○で囲みなさい。(栃木)

Mike and Ken (is ; was ; are ; were) studying in the library now.

⑤ 次の英文中の空所に入る最も適当な語を①〜④から 1 つ選びなさい。(神奈川)

When I called Kumiko, she (   ) English.
① studies   ② is studying   ③ was studying   ④ will study

⑥ 次の対話文が成り立つように，カッコ内の語句を並べかえなさい。(山形)

Teacher : Welcome to our English school. [to / are / long / going / study / you / how] here?
Student : For a month. I'm here on my summer vacation.

Unit 2

⑦ 次の日本文とほぼ同じ意味を表すように，カッコ内の語句を並べかえなさい。

私たちは彼の話を聞くべきだ。　We [to / listen / should / him] .   (沖縄)

⑧ 次の英文中のカッコの中から適当なものを選び，○で囲みなさい。(高知学芸高)

"Must I stay here?" "No, you don't (must ; have to ; go there ; live here)."

⑨ 次の対話文が成り立つように，下線部の日本語の意味を表す英文を書きなさい。(鳥取)

Ben : The train has just left. Do you know when the next train will leave?
Mai : 次の列車を待つ必要はないよ。 We can take a bus.

1

⑩ 次の対話文が成り立つように，カッコ内の語句を並べかえなさい。（高知）
Mika : Wow, you have a beautiful picture!
Sam : Shall [you / I / more / show] pictures?
Mika : Yes, please.

---

⑪ 次の英文の意味が通るように，カッコ内の語句を並べかえなさい。（石川）
Excuse me. Could [us / the way / tell / to / you] Green Hotel?

Unit 3

⑫ 次の対話文が成り立つように，英文中の空所に適当な語を入れなさい。（山形）
Teacher : (　　　　　　　) is that tall boy standing by the door?
Student : He's John, my younger brother.

⑬ 次の対話文が成り立つように，カッコ内の語句を並べかえなさい。（岩手）
A : Oh, there are a lot of nice T-shirts in this shop.
B : What [you / like / color / do]? I will buy one for you.
A : Thank you, Mom.

---

⑭ 次の対話文が成り立つように，カッコ内の語句を並べかえなさい。（福島）
A : Excuse me. I want to go to Shirakawa. [which / I / should / take / train]?
B : Take the train on Track 2.

---

⑮ 次の対話文が成り立つように，英文中の空所に入る最も適当な語を①〜④から１つ選びなさい。（高知）
A : Let's play tennis next Sunday.
B : That's a good idea! (　　　　　)
A : At three o'clock in the afternoon.
① How long will we play tennis?　② Where will we play tennis?
③ What time are we going to meet?　④ What are you going to play?

⑯ 次の対話文が成り立つように，英文中の空所に適当な語を入れなさい。（岡山）
Yuki : Oh, you look so happy in this picture.
Kevin : Yes. I had a great time with my family.
Yuki : (　　　　　　　) did you take this picture?
Kevin : In Kyoto. We saw a famous festival and visited many temples there.

(17) 次の対話文が成り立つように，カッコ内の語句を並べかえなさい。（宮崎）

"How [in / are / balls / there / many] the box?" "There are twenty."

_____

(18) 次の対話文が成り立つように，カッコ内の語句を並べかえなさい。（秋田）

A : Jim, [do / come / school / how / to / you] every day?

B : I come here by bike.

_____

Unit 4

(19) カッコ内の country を最も適当な形に直して 1 語で書きなさい。（埼玉）

Next, about national colors. I didn't know that a lot of (country) have their own colors.

_____

(20) 次の対話文が成り立つように，カッコ内の child を最も適当な形に直して 1 語で書きなさい。（千葉）

A : I felt sorry for those (child) crying in the park.

B : Me, too. I think they lost their dog.
_____

(21) 次の対話文が成り立つように，英文中の空所に入る最も適当な語を①～④から 1 つ選びなさい。（福島）

A : What kind of animals do you like?

B : I like (   ) the best. I want to have a cat.

① cat ② a cat ③ cats ④ the cats

(22) 次の対話文が成り立つように，英文中の空所に入る最も適当な語を①～④から 1 つ選びなさい。（静岡）

Ann : Hi, Saki. Happy Valentine's Day! Here you are. (Saki took a present.)

Saki : Beautiful! Are (   ) flowers for me? Thank you very much.

① this ② that ③ these ④ those

(23) 次の対話文が成り立つように，カッコ内の語句を並べかえなさい。（青森）

"[very / in / is / cold / it] this room." "I will close the window."

_____

(24) 次の英文中の空所に入る最も適当な語を①～④から 1 つ選びなさい。（福島）

Things from Japan are very popular. Some of my friends practice playing the _shamisen_, and (   ).

① others study Japanese at school every week

② our teachers talk about American culture

③ one of them has never heard Japanese music

④ everyone in Japan likes to play baseball

㉕ 次の対話文が成り立つように，カッコ内の語句を並べかえなさい。ただし，不要な語が 1 語ある。(神奈川)

A : Are [a / across / there / of / lot] birds on Minami Park?
B : Yes, you can see many birds there.

㉖ 次の日本文とほぼ同じ意味を表すように，カッコ内の語句を並べかえなさい。
私は今 1 本も鉛筆を持っていない。
I [have / do / any / not] pencils now. (沖縄)

㉗ 次の英文の意味が通るように，カッコの中から適当なものを選び，○で囲みなさい。(群馬)

I like cooking very much. I (　　　　　) cook on Sunday.
(there ; rarely ; often ; never ; much)

㉘ 次の英文中の空所に入る最も適当な語を①〜④から 1 つ選びなさい。(栃木)
I haven't written a letter to Tomomi, and haven't called her (　　　　　).
① either　② too　③ also　④ so

㉙ 次の対話文が成り立つように，英文中の空所に適当な語を入れなさい。(山形)
Ryo : Jane, which city do you want to visit first, Sendai (　　　　) Morioka?
Jane : I'd like to go to Sendai first.

㉚ 次の英文中の空所に入る最も適当な語を①〜④から 1 つ選びなさい。
(　　　　) my mother and my sister like to invite people to our house.
① All　② Either　③ Both　④ Between　(関西学院高等部)

㉛ 次の英文中のカッコ内の語句を並べかえなさい。(熊本)
I like Spielberg's movies. I hear [new / one / that / is / his] very exciting.

㉜ 次の日本文とほぼ同じ意味を表すように，カッコ内の語句を並べかえなさい。
沖縄では，3 月は泳ぐことができるほど暖かい。
In Okinawa, it is [can / so / we / warm / that] swim in March. (沖縄)

㉝ 次の対話文が成り立つように，カッコ内の語句を並べかえなさい。(石川)
A : I'm going to Masako's house by bike.
B : I see. Come [to / before / home / begins / rain / it].

34 次の対話文が成り立つように，カッコ内の語句を並べかえなさい。(青森)

  A : [doing / when / what / you / were] Masao went to your house?

  B : I was watching TV then.

---

35 次の英文中のカッコ内の語句を並べかえなさい。(長崎)

I'll go to Australia next month and stay there for two weeks. My father said, "Living in another country is good [the language / you / learn / if / want / to / spoken] there."

---

36 次の対話文が成り立つように，カッコの中から適当なものを選び，○で囲みなさい。(高知学芸高)

  A : I don't feel well.

  B : You'll get well （ and ; but ; or ; if ） you go to bed soon.

37 次の対話文が成り立つように，空所に日本語の意味を表す英文を書きなさい。

  A : What were you asked in the interviews?

  B : Don't ask me. _____

（すごく緊張しちゃってなにも答えられなかったの。） (筑波大学付属高)

Unit 7

38 次の英文中のカッコの中から適当なものを選び，○で囲みなさい。(栃木)

We don't have classes （ at ; for ; in ; on ） Sundays.

39 次の対話文が成り立つように，カッコ内の語句を並べかえなさい。(石川)

"Did you see my pen?" "Oh, I [it / the table / in / on / saw] the kitchen."

---

40 次の英文中のカッコの中から適当なものを選び，○で囲みなさい。(奈良)

I wear this *yukata* only for fireworks displays and other summer festivals. I don't wear it （ on ; at ; by ） home.

41 次の対話文が成り立つように，カッコ内の語句を並べかえなさい。(愛媛)

  A : Where's John? I want to talk to him.

  B : I saw [in / him / of / front] the library two minutes ago.

---

42 次の対話文が成り立つように，最も適当な語を①〜④から１つ選びなさい。

  A : I don't know which girl is Kaori.

  B : She is that little girl （   ） long hair.

  ① on ② with ③ for ④ in   (福島)

43 次の対話文が成り立つように，カッコ内の語句を並べかえなさい。（島根）

A : Do you have a cat at home?

B : Oh, yes. I like her, so [is / care / her / of / taking] a lot of fun.

44 次の日本文とほぼ同じ意味を表すように，カッコ内の語句を並べかえなさい。

彼女は犬を怖がっている。　She [of / dogs / afraid / is].　　　　　（沖縄）

Unit 8

45 次の対話文が成り立つように，カッコ内の語句を並べかえなさい。（長崎）

Li　　　: I have a question, Akiko. [many / are / languages / around / how / the / there] world?

Akiko　: Well, Japanese, English...　About 100?

46 次の対話文が成り立つように，カッコ内の語句を並べかえなさい。（鳥取）

Officer : Show me your passport, please.

John　　: Sure. Here you are.

Officer : OK. [is / stay / the purpose / your / of / what]?

John　　: To study Japanese.

47 次の対話文が成り立つように，日本語の意味を表す英文を書きなさい。（群馬）

Mr. Smith : What book do you have in your hand, Takeo?

Takeo　　 : This is *Sangokushi*.（先週の火曜日に父が私にこの本をくれました。）

48 次の英文の意味が通るように，カッコ内の語句を並べかえなさい。（岩手）

I went to see a movie with my friends.　The movie [happy / made / me].

49 次の対話文が成り立つように，カッコ内の語句を並べかえなさい。（愛媛）

A : What [this food / you / call / do] in Japanese?

B : It's *onigiri*. It's my favorite food.

50 次の対話文が成り立つように，カッコ内の語句を並べかえなさい。（福島）

A : Mr. Davis, what time will we start our volunteer work tomorrow?

B : We'll start it at ten. [friends / to / tell / come / your] to school at nine thirty.

51 次の対話文が成り立つように，カッコ内の語句を並べかえなさい。(山形)

Ms. Smith : [at / book / look / don't / your] now. Just listen to me, OK?

Student　　 : I see, Ms. Smith.

---

52 次の対話文が成り立つように，空所に日本語の意味を表す英文を書きなさい。

A : Please _____ next Sunday. (自分の誕生日パーティに誘う時)

B : Sure. What time?　　　　　　　　　　　　　　　　　　　　　(秋田)

---

53 次の対話文が成り立つように，カッコ内の語句を並べかえなさい。(石川)

A : I hear your sister is studying in Australia. Did you ask her to send you pictures?

B : Yes, but I don't [arrive / when / will / know / they]. I can't wait!

---

54 次の英文中の空所に入る最も適当な語を①～④から 1 つ選びなさい。(沖縄)

She didn't sing the song, (　　　　　)?

① isn't she　② does she　③ did she　④ didn't she

Unit 9

55 次の日本語の意味を表す英文を書きなさい。(島根)

自分は数学の先生になりたい，と伝える場合。

---

56 下線部 to に最も近い使われ方をしているものを，①～④から 1 つ選びなさい。

Thumbs up. A friendly wave. All these hand gestures are part of the body languages that we use to communicate every day.

① I have many things to do today.

② I went to the office to see him.

③ I look forward to hearing from you.

④ I hope to visit your country again.　　　　　　　　　　(関西学院高等部)

57 次の対話文が成り立つように，カッコ内の語句を並べかえなさい。(青森)

"There [visit / places / to / many / are] in Aomori. Please come." "Sure."

---

58 次の対話文が成り立つように，カッコ内の語句を並べかえなさい。(秋田)

A : Today's homework is difficult.

B : I want [to / brother / help / my / me] with my homework.

---

59 次の対話文が成り立つように，カッコ内の語句を並べかえなさい。(石川)

A : Your Japanese is very good.

B : Thank you, but it is [write it / for me / to / difficult].

---

60 次の英文の意味が通るように，カッコ内の語句を並べかえなさい。(秋田)

I want to go to Yokohama, but I don't [trains / know / change / to /where].

---

61 次の対話文が成り立つように，カッコ内の語句を並べかえなさい。(岩手)

A : I want a new dictionary. I don't know which dictionary I should buy.

B : You can choose anything. The [use / how / is / important / to / thing] it.

---

62 次の日本文とほぼ同じ意味を表すように，カッコ内の語句を並べかえなさい。ただし，1語不足している。(洛南高)

その箱は彼女が持ち上げるには大きすぎた。

[to / was / big / her / the box / too / lift].

---

63 次の対話文が成り立つように，カッコ内の語句を並べかえなさい。(高知)

A : What did you do yesterday?

B : Well, [my family / went / I / with / shopping].

---

64 次の対話文が成り立つように，カッコ内の語句を並べかえなさい。(山形)

Yoko : Eric, are you tired now?

Eric : No. But [after / feel / practicing / hungry /very / I] *judo* for hours.

---

65 次の英文の意味が通るように，カッコ内の語句を並べかえなさい。(宮城)

When the runners ran by the flower bed, the old people [stopped / watch / working / to / them].

Unit 10

66 次の対話文が成り立つように，カッコ内の語句を並べかえなさい。(島根)

A : Is this book [one / interesting / that / more / than]?

B : That's a difficult question. Both books are very interesting.

67 次の対話文が成り立つように，カッコ内の easy を最も適当な形に直して1語で書きなさい。（千葉）

A : The last question in the test was the most difficult for me.

B : Really? I thought it was （ easy ） than most of the questions.

_____

68 次の英文の意味が通るように，カッコ内の語句を並べかえなさい。（岩手）

I visited the zoo yesterday. I like lions the [all / best / of] animals.

_____

69 次の対話文が成り立つように，日本語の意味を表す英文を書きなさい。（鳥取）

Ai   : Look at this. I went shopping and bought this book.

Fred: I've read it. それは日本で最も有名な本の1つですね。

_____

70 次の対話文が成り立つように，カッコ内の語句を並べかえなさい。（山形）

"[like / which / do / sport / better / you], baseball or basketball?" "Baseball."

_____

71 次の対話文が成り立つように，カッコ内の語句を並べかえなさい。（秋田）

A : Who [famous / is / most / tennis / the] player in Japan?

B : I want to say it's me.

_____

72 次の対話文が成り立つように，日本語の意味を表す英文を書きなさい。（鳥取）

Tom : Do you know that girl walking over there?

Aya : Yes, she is Kayo. 彼女はあなたと同じくらい上手にテニスができます。

_____

73 次の日本文とほぼ同じ意味を表すように，カッコ内の語句を並べかえなさい。ただし，2語不足している。（開成高）

あなたはできるだけ早く医者に見てもらったほうがいいですよ。

You [you / as / see / your doctor / soon / had / can].

_____

74 次の日本文とほぼ同じ意味を表すように，カッコ内の語句を並べかえなさい。

中国の人口は日本のおよそ10倍です。

The population of China [ten / as / as / of / large / that / is / times / Japan / about].   （開成高）

_____

75 次の日本文と同じ意味を表すように，英文中の空所に適当な語を入れなさい。

男の子の中で山田君が一番英語を話すのが上手だ。　　　　　　　（広島大学附属高）

No other boy can speak （　　　　　）（　　　　　）（　　　　　） Mr. Yamada.

Unit 11

76 次の英文中のカッコの中から適当なものを選び，○で囲みなさい。（栃木）

Many languages （ is spoken ; are spoken ; are speaking ） in Australia.

77 次の英文の意味が通るように，カッコ内の語句を並べかえなさい。（和歌山）

Now the beautiful shore [people / is / many / by / protected].

_____

78 次の日本語の意味を表す英文を書きなさい。（富山）

「この物語はいつ書かれたか」と相手に聞く時。

_____

79 次のような状況において，どのように言いますか。日本語の意味を表す英文を書きなさい。（島根）

「カナダでは英語が使われているか」とたずねる場合。

_____

80 次の英文がほぼ同じ意味を表すように，空所に適当な語を入れなさい。

Did your grandfather take the pictures?　　　　　　　（法政大学第二高）

= （　　　　　　　　　） the pictures （　　　　　　　　　） by your grandfather?

81 次の対話文が成り立つように，カッコの中から適当なものを選び，○で囲みなさい。（静岡）

Mike: Someone talked about *kotatsu* in class. I'm interested（at ; in ; to）it.

Yuta: *Kotatsu*? You can see one at my house today.

82 次の日本文とほぼ同じ意味を表すように，カッコ内の語句を並べかえなさい。ただし，不要な語が1語ある。（駒込高）

あの山の頂上は，雪で覆われています。

The [snow / is / with / by / of / covered / mountain / top / that].

_____

Unit 12

83 次の対話文が成り立つように，日本語の意味を表す英文を書きなさい。

A : Is everyone here?

B : No. ジョンがまだ来ていないんだ。　　　　　　　（筑波大学附属高）

_____

10

84 次の日本文とほぼ同じ意味を表すように，カッコ内の語句を並べかえなさい。

私はこのようなお茶を飲んだことがありません。 (大阪)

I have [tea / this / never / like / drunk].

85 次の対話文が成り立つように，カッコ内の語句を並べかえなさい。(青森)

"[ever / have / to / been / you] Kyoto?" "Yes, I have."

86 次の対話文が成り立つように，空所に適当な語を入れなさい。(茨城)

Kenta : Do you play baseball?

Tom　 : Well, I haven't （　　　　　　　　） baseball for a long time.

87 次の対話文が成り立つように，英文中の空所に適当な語を入れなさい。(愛媛)

A : How long have you lived in Ehime?

B : For five years. I've lived here （s　　　　　　） 2006.

88 次のような状況において，あなたはどのように言いますか。(島根)

留学生と話しています。「日本に来てどのくらいになるのか」とたずねる場合。

89 次の英文中のカッコの中から適当なものを選び，○で囲みなさい。(栃木)

Has your sister ever （ been ; stayed ; lived ; visited ） to Canada?

Unit 13

90 次の対話文が成り立つように，最も適当な語を①～④から１つ選びなさい。

A : You have a very old book.

B : This is a book （　　　　　） about 70 years ago.

① write　② wrote　③ written　④ writing　　　　　　　　(島根)

91 次の英文中の空所に入る最も適当な語を①～④から１つ選びなさい。(神奈川)

This is the room （　　　　　） by my sister.

① will use　② are used　③ is using　④ used

92 次の英文の意味が通るように，カッコ内の語句を並べかえなさい。(山口)

We'll learn about [Japan / found / birds / in].

93 次の対話文が成り立つように，カッコ内の語句を並べかえなさい。(福島)

A : Oh, Emi. [talking / who / the man / with / is] the students?

B : He is Mr. Tanaka. He is a new English teacher.

94 次の対話文が成り立つように，カッコ内の語句を並べかえなさい。(宮崎)

A : Is he your brother?

B : No. That little [cap / is / wearing / boy / a] my brother.

---

95 次の対話文が成り立つように，カッコ内の語句を並べかえなさい。(愛媛)

A : How was your trip to Australia?

B : That was great. The people [the hotel / were / at / working] very kind.

---

96 次の日本文とほぼ同じ意味を表すように，カッコ内の語句を並べかえなさい。ただし，不要な語が 1 語ある。(神奈川)

木の下で歌っている少年は，誰ですか。

Who is the [to / songs / boy / under / singing] the tree?

---

97 次の日本文とほぼ同じ意味を表すように，カッコ内の語句を並べかえなさい。

私はこの俳句を読むと，彼が感じた静けさを感じることができると思う。(大阪)

I think I [when / he / feel / silence / I / the / read / felt / can] this *haiku*.

---

98 次の英文中の空所に入る最も適当な語を①～④から 1 つ選びなさい。(沖縄)

I know a little boy (　　　　) knows how to use the computer.

① he　② which　③ whose　④ who

99 次の対話文が成り立つように，カッコ内の語句を並べかえなさい。(岩手)

A : Now a lot of people have cell phones.

B : They are useful, but I saw some people answering their cell phones on the train this morning.

A : Really? People [have / use / know / them / to / how / who] and where to use them.

---

100 次の日本文とほぼ同じ意味を表すように，カッコ内の語句を並べかえなさい。

彼は昨日買ったマンガがとても好きだ。

He [the comic book / bought / he / likes / which] yesterday.　(沖縄)

入試突破！チェックテスト |解答|

Unit 6

㉙	or	⇒ **31**
㉚	③	⇒ **31**
㉛	(I hear) that his new one is (very exciting.)	⇒ **32**
㉜	(In Okinawa, it is) so warm that we can (swim in March.)	⇒ **32**
㉝	(Come) home before it begins to rain(.)	⇒ **33**
㉞	What were you doing when (Masao went to your house?)	⇒ **33**
㉟	(Living in another country is good) if you want to learn the language spoken (there.)	⇒ **34**
㊱	if	⇒ **34**
㊲	I was so nervous that I couldn't answer any questions.	⇒ **32**
	〔別解〕I was too nervous to answer any questions.	

Unit 7

㊳	on	⇒ **36**
㊴	(Oh, I) saw it on the table in (the kitchen.)	⇒ **37**
㊵	at	⇒ **37**
㊶	(I saw) him in front of (the library two minutes ago.)	⇒ **37**
㊷	②	⇒ **39**
㊸	(I like her, so) taking care of her is (a lot of fun.)	⇒ **40**
㊹	(She) is afraid of dogs(.)	⇒ **40**

Unit 8

㊺	How many languages are there around the (world?)	⇒ **41**
㊻	What is the purpose of your stay(?)	⇒ **42**
㊼	My father gave me this book 〔this book to me〕last Tuesday.	⇒ **44**
㊽	(The movie) made me happy(.)	⇒ **45**
㊾	(What) do you call this food (in Japanese?)	⇒ **45**
㊿	Tell your friends to come (to school at nine thirty.)	⇒ **46**
51	Don't look at your book (now.)	⇒ **46**
52	(Please) come to my birthday party (next Sunday.)	⇒ **47**
53	(Yes, but I don't) know when they will arrive(.)	⇒ **49**
54	③	⇒ **50**

14

15

※ Unit 14 からの出題はありません。